# いのち まるごと

## 子どもたちは訴える

《保健室からの緊急レポート》

田中なつみ 著

高文研

目次

装丁＝商業デザインセンター・松田　礼一
章扉絵＝『教師のためのイラストブック』
田村春夫のページより

# はじめに

風邪が流行している二月。久しぶりに職員室に給食を食べに行きました。

「いただきます」

「田中さん、きょうはだいじょうぶなの？　職員室で食べるなんて、久しぶりだね」

「うん、たまにはみんなとおしゃべりしたいからね。子どもとばっかりつきあっていると、大人と話したくてたまらなくなるよ」

昼、私は職員室で専科の先生方といっしょに給食を食べることになっているのですが、具合が悪くて教室で食べさせるのが心配な子や、親が迎えに来るのを待っている子がいるときは、保健室でその子どもたちといっしょに給食を食べるので、特にこの時期は職員室で食べる機会は少なくなってしまいます。

一方、担任の先生が年休や出張のときは専科の先生の誰かが給食の補教に行くので、全員がそろうことはめったにないのです。でもこの日は珍しく全員そろって、子どもたちの話に花が咲いていています。

一二時四五分から一時頃までが私の給食時間です。給食を食べている途中でも、「気持ち悪い」「けがした」と子どもが飛び込んできて、落ち着いて給食を食べていられないのはいつものこと。平均して食べる時間は一〇分ぐらい、食べるのが早いのは長年の習性でしょう。

「このごろ、授業中の保健室、静かになったね」
「ほんと、去年までと比べると、まるでちがうね」
「学校が落ち着いていると、保健室が静かだよね」
「それに田中さんの顔がやさしくなったね」
「そうそう、去年までの田中さん、時どきパニクっていたよね」
「いつだって、子どもや親が保健室にいっぱいいて、トイレにも行けないって言ってたよね」

とにかくこの数年間の保健室の状況はすさまじいものでした。いまも子どものさまざまな悩みや問題をたくさん抱えていますが、その頃とくらべて変わったことといえば、なんといっても授業中の保健室が静かになったことです。

教室に自分の居場所があって、教室の中で担任と子どもたちが信頼関係を築きながら、教育活動を進めている。教室が子どもたちにとって大切な居場所であり、学校生活が楽しいという当たり前のことが、いまはできているからだと思います。

いったいなぜ、こんなにも子どもたちが保健室を求めて来ていたのでしょう。教室拒否、授業拒否ともいえるほど、授業中子どもたちがたくさん保健室に来ているときは、そのクラスの授業が成り立っているのかどうか、この子どもたちの学力や人間関係はどうなっていくのか、気が気ではありませんでした。それと同時に、先生たちの悲鳴も聞こえてきました。保健室に集中する子どもや先生たちの悲鳴を、何とかして外に向かって代弁していかなくてはと、切実に感じる毎日でもありました。


長かった組合の役員を後輩に引き継ぎ、やっとこれから学校で子どもたちといっしょに、自分なりの保健室実践をつくっていこうと考えていました。組合活動をやっているから仕事がいいかげんと言われないよう、可能な限り努力してきましたが、東京都教職員組合養護教員部役員のときは、会議や交渉の時間を気にしながら、子どもたちにも先生や親たちにも、「ごめんね、今日はだめなの」を連発して学校を飛び出す毎日。

全教（全日本教職員組合）養護教員部の役員になってからは、休日の会議が多くなったため、それほど学校をあけることはなくなったとはいえ、組合活動の責任を果たすための会議や交渉などを優先せざるを得ないことも多く、子どもたちと真から向き合えない申し訳なさを感じていました。

ようやく任務を終えて、改めて保健室の主として子どもに向き合おうとしていた矢先、驚くような子どもの事態に出会ったのでした。もしかして私は、忙しすぎて、このような実態を見過ごしていたのではないだろうか、保健室にじっくり座ったから見えてきたのだろうか、それとも新たな事態の発生なのだろうか、戸惑うような毎日でした。

定年を間近に控え、忙しくなるとうずきだす持病の腰痛を抱え、思うように動けなくなった自分にいらだちを覚えながらも、子どもたちがこのまま年を重ねていったら、どうなるのだろうと考えると、じっとしていられない思いでした。

先生方や保護者の方々と手探りの中でさまざまな取り組みを進めてきて、「ようやく学校が落ち着いてきたね」と実感こめて言えるようになってきた今、あのすさまじかった子どもたちの実態とどう向き合ってきたのか、その渦中にあって、教職員・父母とともに苦しんだ一人の養護教諭として、記録しておく必要を感じたのが、この本を書こうとした動機です。


真剣に取り組んだ事実はあっても、これでよかったと思えたことはありません。それどころか、子どもの現実を正しくとらえていたのか、もっとやれることがあったのではないか、はじめて出会った新たな事態にたいして、未熟な取り組みしかできなかったのではないかとの思いはぬぐいきれません。

しかし、「学級崩壊」という事態が全国から報告されるという時代の流れの中で、子どもの事実に向き合って奮闘した現場の記録を、多くの方々にぜひ役立ててほしいと願って書きました。何よりも、命を削るほどにゆとりのない教育現場の努力と奮闘ぶりを、そして管理と競争の教育がいかに子ども・親・教職員を苦しめているのかを、多くの人たちに知ってほしいと思ったのです。

学級が大変だった時期と比べて、学校や家庭が子どもの気持ちを大事にして、否定よりも肯定的なかかわり、友達関係づくりを意識的に取り組むように努力してきましたが、もっとも有効で切実な願いである教職員の定員増などの措置はなく、それどころか、職場の多忙化はいっそう進み、管理強化の動きは強まり、長引く不況のもとで子どもたちの家庭の困難はより進行しています。このまま学校や家庭の自助努力だけに頼っていたならば、早晩学校は以前のすさまじい状況よりもさらに悲惨になっていくでしょう。

子どもたちを社会の宝として、未来の夢を育む思いで、やさしく大切に、そして楽しく子育てをしたい、そんな願いから現実をみると、あまりにも子どもたちが、親たちが、教師たちがかわいそうです。

子どもが、自分のからだ・いのちまるごとで叫んでいる管理と競争の教育制度のおかしさ、世界の中で最も過密といわれる四〇人学級のおかしさを、一日も早く子ども本位に改善してほしいと心から願い、そのために役立つならと、養護教論の目から見たありのままを書いてみました。

そして動機はもうひとつあります。それは、今年定年退職を迎えるにあたって、三四年続けてきた養護教論という仕事を振り返ることでした。

養護教論はどのような仕事をなすべきなのでしょうか。そして子どもたちにとって保健室とは何なのでしょうか。あれほど毎日のように保健室に来ていた子どもが、ふと気づくと来なくなっていることがあります。保健室に来なくても、教室や友達の中に自分の安心できる居場所が見つかったのでしょう。元気に遊んだり活動する子どもの姿を見て、私も安心します。

成長の過程で一時保健室に立ち寄り、ほっと一息入れることが必要な子どもたちを応援してやりたいと思います。子どもが求めるかかわりを一対一のふれあいや対話で満たしてやる空間、そんな体験の積み重ねから、養護教論の存在の大切さを実感できるようになった私です。

これまで保健室でかかわった数多くの子どもたちに、健気さややさしさを教えてもらいました。どんなに問題を抱え、大人たちを困らせているような子どもたちでも、人として認められ、自分の良さに気がついたとき、見事に変身します。

子育ての困難を抱えた親たちと、その変身ぶりを見守りながら、子どもを育てるしあわせを共有することができました。

安心して、素直なありのままの自分を出せる場、そしてその気持ちを確かに受け止めてくれる場としての学校・家庭・大人たち。子どもが育つ環境を豊かにやさしく整えることが、いま何よりも大切に思います。

学校の大切な機能のひとつとしての保健室で、退職までの残りわずかな日々を大事にしながら、子どもたちが保健室に来る意味を、もう少し問い続けたいと思います。

# 第1章　一、二年生の教室が大変！

## ❖──一年生のおかしさに気づく

私が勤務する学校は、全校児童数約六〇〇人（18学級）、東京の西のはずれにあり、新しいマンションが建ち、児童数が少しずつ増えています。母親または両親が外国籍（中国、フィリピン、タイ、韓国など）の子どもが多いため、全都的に配置数の少ない日本語指導教諭が数年前から一人加配されています。

この学校で入学したばかりの一年生がおかしいと気づいたのは、今から七年前（1996年）のことです。

月曜日の朝会で、全校児童が並んで話を聞いているとき、列からはみ出し、後ろを向いたり、からだをフラフラさせ、近くの子どもをぶったり蹴ったり、大声をあげて常に動いている子が二、三人。担任の男の先生がそばについていてもなかなかおさまらない様子。

朝会だけでなく、保健室の窓から校庭を見ていると、体育の授業が始まっているのに、数人が体育着に着替えずに、勝手に遊び回って教師を困らせています。先生がつかまえて、注意を与えているのでしょう。その間、他の子どもたちは待ちぼうけです。集団行動がとれない数人の子どもを、担任の先生がいつも特別に指導をしている様子が見え、「困難を抱えていて大変だなあ」と思って見ていましたが、その子どもたちがひんぱんに保健室に来ることもありませんでしたので、事態の深刻さには気付かずにいたのでした。

### ❖──「教室がこわい」という訴え

事態が一変したのは、翌年（1997年）のことです。それまで担任だった先生が急に学級数の増えた高学年に配置換えになり、その後に新任の女の先生がそのクラスの担任になりました。

まだ四月だというのに、昨年落ち着きのなかった数人を中心に学級に嵐が始まったのです。教室中をかけめぐる、奇声をあげる、物を投げる、授業中なのに外へ飛び出してしまう、オルガンや窓側にあるロッカーに乗る、友達にひんぱんに手を出し、ケンカが絶えないなどなど。たまりかねた女の子が、「うるさいから、しずかにして！」と注意すると、その子に対し、先生が見ていないところで髪の毛を引っ張ったり、蹴る、殴るの乱暴をする。

学級のそんな状況の中で、子どもたちが流れるように保健室にやって来るようになったのです。

保健日誌の記録では、二年一組の子どもたちは始業式の数日後の四月一〇日から、数人が「頭がいたい」と言って来室し、翌一一日は「教室がうるさくていやだ」と訴えています。

その後、連日のように、何人もの子どもたちが授業中にいっしょにやって来るようになりました。

四月なかばからは、「教室がこわい」という訴えも出てきました。「また一組の子だ、今日は何があったのだろう」と思いながら、

「どうしたの？」

と聞くと、

「ランドセルをひっくり返してふんづけられた」

「私も頭をぶたれた。何にもしていないのに」

「田所くんとけんちゃんがけんかして、先生がおこってる」

など、教室の様子を話してくれました。その後も毎日のように、

「田所くんがたたいた」

「おされてころんで、頭を机にぶつけた」

「吉岡くんが追いかけてきてたたいたの」

など、授業中に保健室に訴えてくる子どもたちのようすから、数人の男子が乱暴なふるまいをするため、教室が大変な事態になっていることが伝わってきました。

四月三〇日の聴力検査のとき、

「とても小さな音を聴く検査だから、静かにして待っていてね」

と、話してから始めたのに、すぐに隣の子とふざけあい、大きな声でしゃべります。

「静かにして！」

と注意すればするほど、よけいにふざけてしまい、検査はなかなか進みませんでした。

五月になって運動会の練習中にも、整列して待っているとき、田所くんが校庭の砂を手でつかんで、パッと友達に投げつけ、砂が目に入ってしまったり、保健室がかかわることになるさまざまな事件が起こりました。

五～六月は、何人もの女の子が教室になかなか戻れなくなりました。その中でも、よしえちゃんは毎日のように保健室に来て体調の不良を訴えていましたが、

「教室がうるさくていやだ。教室に行きたくない」

と言って、一時保健室登校のようになりました。よしえちゃんはうるさい男の子たちを注意して、いじめを受けるようになっていたようでした。担任の先生と相談して、気持ちが落ち着くまで保健室で好きな折り紙や絵を描いて過ごしていました。

## ❖――イジメにあっていたよしえちゃん

そんな六月のある日、「おなかがいたい」という訴えがいつもより深刻です。下腹を押さえ、顔色も心なしか青く、とても痛そうでした。

「どうしたの?」

とベッドに休ませ、おなかの様子を見ながら、聞いてみると、

「吉岡くんがおなかをけったの」

と言います。幸い、しばらくして痛みはおさまり、顔色もふつうになったので教室へ帰したのですが、すぐまた保健室に戻って来たよしえちゃんは元気がありません。

「どうしたの?」

「またあたまをぶたれたの」

このようなことが繰り返される毎日では、この子は学校に来られなくなってしまうと思いました。彼女が落ち着くのを待って、

「さっきのことを書いてみて」

と紙をわたすと、次のように書いてくれました。

《吉岡くんにあたまをけられた。せんせいにいおうとすると、ようふくをつかんできた。「なにしにいくんだ」と吉岡くんがいった。わたしは、「吉岡くんのことをいいにいくの」とおもいきっていった。そしたら吉岡くんがわたしのおなかをけったので、せんせいにいっ

た。おなかがいたかった。がまんしたけど、どうしてもがまんできなくなってほけんしつへいった。おなかをけったとき、すごくつよくけったからすぐにはなおらなかった。ほけんしつをでてかいだんをのぼろうとしたら、田所くんがいてあたまをぶった》

お母さんに学校に来ていただき、担任といっしょによしえちゃんのことを話し合いました。よしえちゃんはお母さんに悩みを相談していて、お母さんとしても学級のことが気がかりのようでした。

その後、しばらくしてから、お母さんの手紙が届きました。

《身体の不調のことですが、授業中に歩き回るお友達を注意して、逆に頭をぶたれたり、キックされたり…。それが自分の中でどうしても許せなくて、悔しくて、そのことを考えているうちに、気分が悪くなるというのです。子どもの話なので、どこまで正確なことか分からないのですが、とりあえず、

一、自分が正しいことをしているのなら、負けてはいけないこと。

二、嫌なことをされたら大きい声で「やめて！」ということ。

を話しました。「こんどからそうしてみる」と本人は言っていますが、しばらく注意して見ていてくだされぱと思います》

二年生としては大柄なよしえちゃんは、いつもはっきりと自分の気持ちを表現できる落

ち着いた子どもでした。学級生活を乱す男子の行動が許せなくて、注意して、いじめにあっていたのです。

### ❖――再びお母さんからの連絡帳

次の日にもお母さんの連絡帳は続きました。

《昨日も保健室に行ったそうで、話を聞いてみると、思った以上によしえの悩みが深いことにショックを受けています。実際に教室で見ている先生のご意見をうかがわなくては、一方的な見解となってしまうので、どう受け止めてよいか判断できないのですが、よしえの言い分を書いておきます》

として、よしえちゃんの訴えが書かれていました。

《…「気分が悪い」「保健室に行きたい」という言葉の裏に、よしえのSOS信号があると思うのです。家庭では元気そのものなので、表面だけを見て、よしえの悩みに気付いてあげられなかったことがとても悔やまれます。とりあえずよしえと昨日出した結論は、保健室に行ってもかまわないから、「気分が悪いから」ではなく、「いやなことをされて教室にいられないから」と先生に言ってごらんなさい、ということです。少しずつ自分で「いや!」とはっきり言葉にでき、泣いてもいいから自分の気持ちを先生に伝えられるようにしていきたいと思うのです。一方的に書いてしまいましたが、「よしえだけをどうぞよろしく」と言っているのではないのです。二年一組が楽しいクラスでいられるようにと思うばかりです》

と、結ばれていました。

お母さんの手紙は、自分の娘のことだけに感情的になるのではなく、学級を良くする立場から冷静に娘とも向き合い、担任の先生にも真剣な意見を伝えようとしている気持ちが切々と伝わってくるものでした。

## ❖——田所くんはなぜ荒れる?

よしえちゃんの作文に出てくる田所くんは、両親に可愛がられている一人っ子でした。ゲームなどほしいものはなんでも買ってもらえますし、洋服などはいつも新しいファッションを身につけています。しかし幼児性が抜けず、自分中心であきっぽく、回りの子にすぐ手を出します。運動会の練習や体育のとき、保健室によく来ていました。

「どうしたの?」

「あたまいたい」

「いつからいたいの?」

「きょうから」

「今日のいつからなの？　一時間目から？」

「わかんない」

「学校へくる前はどうだったの？」

「うーん、わかんない」

運動会の練習は苦手のようです。教室で授業を受けることもしっかりできないのですから、学年や全校の子どもたちが一斉に練習するような場はいっそう苦手なのかもしれません。

「熱をはかってみようね」

と、体温計を脇の下に挟みながら、

「朝ごはんは、なに食べたの？」

「食べてないよ。ぼく、あさごはん、いつも食べないよ」

「へ～、食べないの。おなかすかないの？」

「すかないよ」

と、答えるのですが、

「朝、ごはんを食べてない日がとくに落ち着かないんだ」

と、担任の先生が言っていたのを思い出しました。

入学前の新一年生の保護者会の折や入学してからも、学校生活を楽しく意義あるものにするためには、朝型の生活リズムの確立が何よりも大切であること、小学生は人間としての土台をつくる大事な時期なので、「早く寝かせることと、朝ごはんを食べさせること」はかなり強調して話しているのですが、夜ふかし、朝ねぼうが広がり、朝ごはんを食べる習慣のない家庭が増えてきているのを感じています。

そういえば、いつも体調不良を訴える子のお母さんに電話で、「おなかがすいているようなので、朝ごはんを食べさせてほしいのですが」とお願いしたとき、「うちは朝はコーヒーを飲むだけですから」と言った人もあったっけ。

## ❖――落ち込む道子先生をみんなで支える

二年一組は担任の道子先生が新規採用のため、隣の鈴木寿子先生が指導教官としての役割を担っていました。鈴木先生が二年一組に授業を見に行ったり、道子先生が鈴木先生の授業を見たりするために、時間講師の先生が六時間配置されています。二年生は三人の担任と時間講師の四人で三クラスを見ていく体制を作り、連絡を取り合いながら、子どもの実態と悪戦苦闘していました。

「もう自信がない」と落ち込んでしまいそうな道子先生を、土曜日の昼食などのとき、先輩の教師たちが外に連れ出して励ましていました。

学年での打ち合わせの後、道子先生は保健室に来て、今日あったことのさまざまを話していきました。私も、その悩みを聞いたり対策を考えるのによく付き合いましたが、ハッと気がつくと、七時、八時になっていることもありました。

どうしたらいいのか分からない、まるで徒労のような日々でしたが、道子先生は投げ出さずに懸命に子どもの実態に向き合い、本当によく頑張りました。かつて経験したことのない大変な事態で気長に取り組むしかないことは分かっていましたが、途方に暮れる毎日でした。

運動会が終わったばかりの六月、生活指導全体会（校内）が開かれました。生活指導全体会は、学期に一回の割合で開かれ、六月には各クラスの学級指導上の悩みを抱えた子どもたちの実態を出し合い、指導の方針を検討することになっていました。今年はこの時期、二年一組の困難が突出していたため、その実態について検討することになりました。

担任の道子先生は、四月から六月までの学級の実態をていねいにレポートしました。先生の話を聞けず、ふらふら立ち歩いたり、勝手に教室を飛び出してしまう子どもたちに、話の聞き方、自分の仕事をきちんとやろう、教室移動のときは手をつなごう、おしゃべりしない、などの学級の最低の約束事をつくり、学級づくりに取り組んでいるレポートでした。

家庭や保健室から「体育は見学します」「具合が悪いから、見学させてください」と連絡があった子以外は体育着に着替えさせることにも取り組んでいました。文句を言ったり、遊びに夢中でなかなか着替えようとしなかった数人も、五月の終りごろには何とか着替えるようになってきたようすです。

また「やられていやなことは、いやと言おう」と取り組み、六月には帰りの会で「きょういやだったこと、困っていること」を発表させるようにしたところ、いやという気持ちを挙手をして言えるようになってきたと報告されました。

はじめて先生になったばかりの道子先生が困難な事態に立ち向かって歯を食いしばっている様子が分かり、また、少しずつ学級の秩序がつくられてきていることもわかりました。今後も学年の先生方を中心に気長に取り組むことが確認されました。ただ家庭との連携については、学年の先生や管理職もかかわって保護者との話し合いを進めていましたが、困難が多いようでした。

その生活指導全体会に、私も保健室に来る二年一組の子どもたちの様子をレポートしました。毎日の保健日誌に書かれた二年一組の子どもの名前と訴えを抜き出して書き並べただけの簡単なものでしたが、教室の大変さの中で子どもが保健室に救いを求めて来ていることは一目瞭然でした。

よしえちゃんについては、担任といっしょにお母さんと話し合い、保健室に来たときは話をゆっくり聞くことなど、いくらかは協力することができましたが、暴力をふるったり、落ち着きのない子どもたちについては、先生の悩みを聞いてやることが、私にできる精いっぱいのことでした。

### ❖――一年生の教室もまた大変！

この年に入学してきた一年生もまた大変でした。

一年二組を担任したのは、三〇年近く教師経験のあるベテランの吉田由美先生でしたが、そのクラスも大変な事態になっていました。吉田先生が当時の心境を率直に書かれた文章があります。

《一四年ぶりに一年生を担任。ひらがなや数字の学習が始まった二週目ぐらいから、明と幸雄の立ち歩き、勝手な行動が目立ち始めた。同じ地域の仲良し四人組は徒党を組み、チャイムを無視し、大声でしゃべり、授業妨害。明の乱暴な行動はエスカレートし、過労による声帯マヒで、音楽、体育の授業は不成立。休み時間にトイレにも行けず、明と手をつないで過ごす毎日。精神的にも追い詰められ、「なぜ授業ができないのか、何が足りないのか」と自信喪失になりました。笑顔がなくなり、仕事をやめたいと思うようになってきて、子育ての忙しいときでも学校を休みたいなどと思ったことがなかったのに、朝がつらく、学校に行くのが苦痛になってきた。「子どもたちに楽しい生活を」と、ゲームを考えたり、授業の工夫をしてみるが、ケンカやけが人の続出で敗北感が重なる。掃除さえ、子どもたちとするより一人でする方が楽なので、まず子どもを下校させてから、暗い気持ちで教室掃除をしていました》

文中「ケンカやけが人の続出」とありますが、運動会が終わった六月頃から、私の保健日誌にも、毎日のように一年生のケンカ、暴力の記録が綴られています。

どちらか、または両方が傷をつくっていれば、必ず保健室にやって来ます。爪によるひっかき傷が顔や首や背中など、ところかまわずついています。皮膚が爪ではぎ取られ、血が吹き出ていて、見ただけでも痛々しく、ケンカの激しさが伝わってきます。本人たちばかりでなく周りで見ていた子どもたちを含めて、七、八人が保健室になだれ込み、

「先生！　ケンカだよ」

「血が出たよ」

「明くんが先にたたいたんだよ」

「違うよ。こうだよ」

と、その喧騒ぶりといったらありません。けがをしている子、ケンカの当事者をその中からさがしだして、応急手当てをしながら、

「どうしてこうなったの？」

と、事情を聞きます。

体にさわったとか、ボールが当たったとか、机の上のものを落としたとか、ささいなことが原因なのに、どうしてこんなにおおごとになってしまうのでしょう。相手を傷つけても、先生に叱られても、まるで他人事みたいな子どもたちもいて、どこまで分かってくれたのか空しくなることもしばしばです。

さらに、「ごめんね」「いいよ」と許し合った後、すぐまた同じような事件を起こします。このままでは、いつか大きな事故を起こすのではないかと気が気ではありませんでした。

### ❖――暴力、ケンカ、生傷だらけの明

一年二組の大変さの中心にいる明と保健室とのかかわりは四月のはじめでした。

朝登校するとすぐに保健室に来た明の左太ももの皮膚が一〇センチ四方くらいの大きさで、赤黒くむけています。ばんそうこうで止めてあるガーゼは、傷の方が大きくはみ出し

ていて、浸出液でよごれたままかたまってしまっていました。

きのう公園の滑り台で遊んでいたとき、こうなってしまったとのこと。皮膚の様子から、やけどのような印象をもちましたが、担任もそれ以上のことは聞き出せなかったようです。こんなにひどいけがをしているのに、手当のずさんさがとても気になったことを覚えています。皮膚がかわくまでの数日間、保健室に通って来る明の手当をしてやりました。

五月。

「泣きわめいて授業にならないから見ていて」

と、吉田先生が連れて来た明は、その日も朝ご飯を食べていない様子。主事室からおせんべいを一枚もらって来て食べさせました。ふっくらした体型ですが、顔も手足も薄汚れ、引っ掻き傷や内出血のあとが無数に見られるなど、最近珍しい野性的な外見です。

六月二三日には、幸雄が明に、爪で一〇センチもの長い引っ掻き傷を背中につけられ、ヒーヒー泣いて保健室へ。この二人のケンカは教室での日常になっている様子。相手をにらみつけ、

「おまえが先にやったんだろ」

と、すごいけんまくの明です。

「先生、今日もだめなの。授業にならないから三時間目、見ていて!」

七月一日、暴れる明を吉田先生が引きずるようにして連れて来ました。からだががっちりして、少し肥満気味の明は体力もあり、重くてだっこはできません。

暴れる明を抱き締めていました。大声で泣きわめきながら、必死で私の腕をほどこうとします。あまりにもおさまらないため、

「このままだっこしているか、それともお母さんに来てもらおうか」

と、聞いてみました。すると即座に、

「お母さんはいやだ」

と、泣きます。

「お母さんの前ではいい子なんだ」

と言うと、

「うん」

と、うなずきました。親には心配をかけてはいけないと気づかう気持ちが伝わってきます。少し落ち着いたのを見はからって、

「風車を作ってみようよ」

と、さそってみました。

「うん」

と、人なつっこそうに笑います。折り紙を折ってわりばしに画鋲で止めただけの簡単な風車でしたが、喜んで保健室の中を走って回しました。大きな声できゃっきゃっと笑いながら走っている明。まるで幼い息子と遊んでいるようでした。教室にもどって、

「せんせい、つくったんだよ。ほら」

と、誇らしげに見せる顔はとてもうれしそう。

明のいない間に少しは授業を進めることができたのかなと思いつつ、明の子どもらしい一面を見つけてうれしい私でした。乳幼児期に不足がちだった親子の触れ合いを、こんなかたちでとりもどそうとしているのでしょうか。

その後、七月一〇日、授業中、吉田先生に「風車おしえて」とねだったらしい。先生が、「いまは無理よ。あとでね」と断ると、怒って近くの女の子の筆箱を投げつけたりして暴れて授業ができないと、また保健室に連れて来ました。

「自分中心でどうにもがまんができないみたいなの。だから、叱ってばかりではいけないことは、分かっているんだけど…」

と、吉田先生はいまにも泣き出しそうです。

## ❖――「家ではいい子です」という両親の学校不信

明を中心にした一年二組の状況について、校内の教育相談委員会にかけて対策を考えました。担任は管理職といっしょに、両親とも何回も話し合ってきました。しかし、両親は学校のやり方が悪いのではないかと訴え、学校不信の発言を変えようとはしませんでした。

担任の先生一人ではどうにもならない状況をどうしたらよいか、夏休みが明けた九月の生活指導全体会では、心理学の先生を招き、明についての事例研究をしながら、乳幼児期の子育ての問題が子どもの成長に及ぼす影響について学習しました。

明のお父さんは大工さんです。お母さんはブティックを経営していました。お母さんもお父さんも仕事で忙しくて、明は乳幼児期からあまり手をかけられず、放任されていたようです。まだ二歳ぐらいのとき、お母さんを探して家を出て、何度か警察に保護されたこともあったとか。

また、両親は教育熱心で、子どもへの要求は高く、現在高校生の姉は塾に通い、私立高校に入学しています。明の身の回りの世話はその姉にまかされていたようです。

朝起きるとお母さんは眠っている、姉は学校へ行ってしまっている。誰にもかまってもらえない寂しさを抱えていたのでしょう。粘土で作った動物を先生にほめてもらって、とてもいい顔をして喜んだのに、先生が隣の子もほめると、その子の粘土をつぶしてしまうということもありました。他人がほめられることを、自分がけなされたことと考えてしまうのでしょうか。

気に入らないことがあったり、注意されたりすると、パニックを起こし、どうにも手がつけられないほど暴れます。また、何が原因かよく分からないのですが、とにかくいつまでも泣きわめいていることもありました。要求が満たされないで泣いている赤ちゃんのようです。

生活指導全体会では、明に対して、教室では叱責や、おさえたり強制することはやめ、無視しないで、いい動きをほめること。

「学校が甘いから。家ではいい子です」

と、学校に批判的なお母さんには、

「何ができますか」

と、いっしょに考えていくようにして、明と母親のつながりを深められるように援助していくこと。学校の体制としては、できるだけ多くの教職員が明に声をかけ、いざというときは、あいている教職員が駆けつけることなどを確認しました。

専科の先生方は給食指導の時間になると、かわるがわる担任の応援に教室に入りました。しかし、他人が入ってくると、いっそう暴れます。明にとって、この方法は役に立たないことが分かりました。担任の先生を自分が独占したいのでしょうか。

### ❖――お母さんの前で見せる〝いい子〟の顔

一〇月、明の荒れている状態がひんぱんです。体育では友達の縄跳びの縄をひきちぎる、女の子のほおを縄跳びのなわで殴ってミミズバレをつくる、棒を振り回し、だれかれなく向かって行くなどなど、危なくて授業どころではありません。友達の目をパンチしてしまったとき、保健室でゆっくり明と話しました。

「今日はなに食べたの？」

「ホットケーキ三枚食べたよ」

「へーおいしそうだね、お母さんが焼いてくれたの？」

「自分でホットプレートで焼いたんだ」

「自分で焼いたの、すごいね。どうやってつくるの？」

「粉と水と卵をいれて、ぐちゃぐちゃする」

友達にも先生にも攻撃的に暴れている明の素顔にふれた気がしました。そして明のさみしさ、人恋しさに胸がつまりました。

両親に学校に来てもらい、子どもの姿を見てもらいましたが、親がいるのが分かると、とてもいい子です。

一一月の学芸会のことでした。お母さんが見に来てくださった日は、本当に張り切って、役も完璧にこなしました。

次の日は、観客になります。体育館での見る態度は非常に悪いものでした。大声で奇声をあげたり、友達とつつき合ったり。先生の注意も聞かず、皆の迷惑なので、やむなく私が保健室に連れて来て抱きしめていました。

大暴れして抵抗していましたが、まだまだ私の方が力があります。そのとき私は、明の太ももに大きな皮下出血を見つけたのです。思わず、「痛かったね」と言って、なでてやると、急にあばれることをやめて泣き出しました。

声もたてずに大粒の涙をこぼしている明。明のつらさがはじめて分かった気がしました。子どもには暴力を使わないでほしいと願いながらも、学校や担任への不信感を強く持っているお母さんには、そこまでは言えませんでした。

## ❖――一平の腕に見つけた〝青あざ〟

隣の一年一組も、一平という男の子を中心に同じような大変さがありました。

六月二六日の四時間目、三人の男の子が教室から出て行ったきり戻って来ません。担任の先生からの連絡で、屋上から校庭の隅まで、手分けして探しました。保護者にも連絡を取り、家に帰っていないか探してもらいました。ようやく二時半ごろになって一人の男の子の家で遊んでいる三人を見つけました。事件や事故に巻き込まれたのではなかったことで、一同ホッと安堵したのですが、大人たちの思いとは反対に、お風呂に入り、冷蔵庫の中のものを食べ、すっかりくつろいだ雰囲気で、悪びれる様子がまったくないことに驚きました。その中の一人が一平でした。

一平も暴力ではならしていました。友達を殴ったり、蹴ったりは毎日のようです。理由があるときもないときもあるようですが、殴った相手といっしょに保健室に来たときの険しい目付き、

「こいつが先にやってきたからな」

と、相手のせいにする言葉のはげしさは、一年生のものとは思えません。

七月、水飲み場の上に立っていた男の子を後ろから押したために、その子は落ちて足を痛めてしまいました。そのとき、保健室で話を聞きながら、一平の腕に青あざがあるのを見つけました。

「ああ、この子もたたかれているんだなあ」

と思い、そっと聞いてみると、

「わるいことをすると、お母さんが竹の棒でたたく」

「わるいことをするたび、太くなる」

と言うのです。棒はごはんを食べるところに置いてあり、お父さんが止めてくれたこともあると言っていました。

一平のお母さんは外国出身の方で、日本語がまだあまり上手ではありません。一平がいつも友達にケガをさせて先生に叱られることが多いので、どうしたらよいかとずいぶん悩んでいました。保健室にもよく来ては話していきましたが、まだヨチヨチ歩きの幼い弟を抱きながら、涙を見せていました。

お母さんは、自分が日本語がまだ十分に使えないことから、子どもとの会話がうまくできず、子どもの気持ちを聞いてやれていないのではないかと心配していました。また、小さい頃、子どもを泣かさないように何でも買ってやり、甘やかしてしまった。そのうちわがままで手に負えなくなり、たたくようになってしまったと語っていました。

はじめての家庭訪問で担任が家に入ったとき、一平はきびしい目をして担任をにらんだと言います。担任としても家庭訪問で子どもににらまれた経験ははじめてのことで、びっくりしたそうです。いつも学校で事件をおこし、そのことで叱られることが多い彼は、家庭訪問でそれらのことがどのようにお母さんに知られてしまうのか、不安だったのでしょう。家庭訪問のあとのお母さんからのお仕置を予想したのでしょうか。

一平は学童保育室に通っており、お母さんは悩みを学童の父母会のお母さんたちに相談していました。父母会の会長さんは、保健室によく来て、学童保育室でも子どもたちが荒れていること、お母さんたちが子育てに悩んでいることから、「この学区域にも教育懇談会のようなものをつくりたいね」と、私とはよく話し合っている方でした。

## ❖——心理学の先生迎え、事例研究会

一年生や二年生のような幼い子どもが攻撃的に暴力をふるう場面が多くて、とても心配です。フラフラと立ち歩き、イスに座って落ち着いて授業を受けることができない。常におしゃべりし、友達にちょっかいを出す。他人といっしょに行動することができず、すぐケンカになる。友達との人間関係が上手につくれないため、ちょっとしたトラブルも解決できず、傷つきやすく、すぐいじけるなど、学校という集団生活を受け入れる以前に、解決しておいてほしいと思われる問題を抱えている子どもが増加しているのではないでしょうか。

子どもたちが次つぎと問題を起こし、対応に追われる教師たちにとって、指導が入らない、または指導すればするほど暴れて手がつけられなくなる。子どもが見えず、ときには子どもがこわくなるときがあります。暴力をふるい、友達を傷つけても、まるで平然とし

ているような子どもたちを見て、子どもが〝敵〟に見えてしまうことさえあります。それほど毎日がすさまじい現実の連続でした。

一九九八年、二年生の実態を心理学の先生に実際に見ていただき、事例研究会を開いたとき、開口一番、

「先生方、よくノイローゼにならずにやっていらっしゃいますね」

と、驚きと実感を込めて言われました。私たちはその言葉を聞いたとき、「教職員の苦しみを、この先生は分かってくださったんだ」と大いに励まされたものです。

その先生はまた、

「いまの一年生に、一学級四〇人は無理ですよ」

と言われ、四〇人学級制度の無理も指摘されたのでした。このときから約三年間、先生にはたびたび学校に来ていただき、子どもたちの様子を見て、助言してもらってきました。

先生は、給食から昼休み、五時間目にかけて、子どもたちと一定の時間をいっしょに過ごします。そんな子どもたちとのかかわりの後、研究会を開くこの方法は、子どもの現実をどう見たらよいか悩んでいた私たちにとって、非常に有効な専門家との連携の方法でした。また、同じ先生に同じ子どもたちを継続的に見ていただくことで、子どもの変化や教職員のかかわり方について、具体的な指摘をしていただくことができました。

そのときの討論で、前年一年生を受け持ち苦労した吉田先生が、

「去年は子どもの発達段階について、認識が甘かった。一年生ならば、もっとできるはずと思っていた。教師としての要求が高すぎた」

と、語ったことが印象に残っています。

「このくらいはできるはず」という教師の側の思いは、勉強だけでなく、生活体験の上でも言えることで、子どもが身につけてきた力には大きな差があり、体育着の着替え、教科ごとの学習の準備、給食の用意など、さまざまな場面で時間や手のかかる子どもたちが増えてきたと感じています。

自分のことは何もできずに、散らかし放題の子どもたちも、時間はかかりますが、集団生活の中で体験的に身につけていきます。「早く、早く」とせきたてたり、できないことを注意しすぎたりすると、緊張や不安はいっそう高まって、登校しぶりや、パニックが起きてしまいます。学校のやり方やスピードにあわないために、自分の言葉で表現できない子どもたちは、大人が「荒れ」と表現するやり方で訴え続けていたのかもしれません。

### ❖——一日一〇〇人を超えていた保健室来室児

全都的にも保健室来室児が増えていることから、子どもたちにどんな変化が起こってい

るか調べるために、東京都養護教諭研究会が呼びかけた「保健室来室者調査」に応え、一九九七年の六月一三日(金)、保健室に来た子どもたちの数を数えたところ、何と一三八人(掃除や係り28人、教師・父母11人を含む)を記録しました。毎日たくさんの子どもたちが保健室にやって来ているなとは思っていましたが、一日で一〇〇人を超えているとは、本当にびっくりしました。

悩みやストレスをかかえ、ふれあいとつかの間の休息を求めて保健室にやって来る子どもたち。養護教諭一人では押し寄せる要求に十分応えられるわけがありませんし、いじめやその他の子どもたちの大切なサインを見落としていないか、正しい判断で対応しただろうかという不安が頭を離れません。

一九九八年二月の生活指導全体会では、このすさまじい保健室の実態を分かってもらいたいと思い、保健日誌の記録をもとに、内科的な訴えで保健室によく来る子の実態について、まとめてみることにしました。

その結果、ひんぱんに保健室に来ているのは全校の約一割(57人)の子どもたちだということが分かりました。このうち特に気になる子どもたち二四人を選び、担任から、「学習面、遊び、友達、家庭、学級での課題と取り組み」などについて書いてもらいました。その記録と保健室での様子を合わせて一覧表にして、全体会に提示しました。

学級指導上の問題を担任が抱えている子どもと、保健室によく来る子どもが一致していることもあり、子どもたちのことがいっそう分かってくるように思えました。そのとき同時に、保健室によく来る子どもの傾向として、私なりにまとめた内容を次のように提示しました。

**《保健室によく来る子どもの傾向》**

**一、勉強ができない**

・算数が分からないので、教室にいるのがつらい。
・算数、国語について、「むずかしい」ことが多い。
・教室に居場所がない。
・「もっとゆっくり教えて」と言いたいが、言えない。

**二、対人関係が結べない**

・友達をつくれず、いつも一人でいる。
・友達に必要な言葉が言えない。「いれて」「いやだ」…
・幼児性、自己中心性が強く、集団生活を営めない。

**三、友達関係のトラブルを解決できず、すぐいじめと感じる**

・友達がにらむ、無視する、こそこそ（自分のことを）話している。
・物を隠す。
・友達を取り合う。なかまはずし。
・自分を主張せず、つよいものに従う。

**四、過緊張**

・真面目で完全主義
・失敗を恐れて、テストや発表の前におなかが痛くなる。

**五、家庭の問題**

・家庭におけるさまざまなストレス、不満がある。
・愛情・見守り不足、甘えを求めている。
・「おかあさんこわい」

**六、生活のリズムの乱れ**

・睡眠不足
・朝食ぬき
・便秘

**七、スポーツのやりすぎ**

・土曜、日曜の練習や試合の疲れを持ち越して、月曜日はダウン。

**八、病・虚弱**

・喘息

・虚弱

**九、運動嫌い**

・運動が嫌いで、体育の前になると「おなかがいたい」

・少し動くと、「手がいたい」「足がいたい」

・「ボールが当たっていたい」（少したてば痛くなくなるのに…）

**一〇、自律神経失調症**

・頭痛、気持ち悪い、めまい、たちくらみなどの不定愁訴の多発

・子どもらしい楽しい生活がない。

保健室に来るとき、子どもは必ず体の不調を訴えてやって来ます。最も多い訴えは、「頭痛い」「気持ち悪い」「おなか痛い」の三つです。この三つ以外でやって来ることはほとんどないくらいです。

家庭のことを気にかけて、落ち着いていられない子どもたち。学校から帰ると塾やお稽

古へ、忙しい毎日を送っている。ミスをしてはいけない、頑張らなければいけない、といつも全力投球を強いられている子どもたち。学校だけでもこんなに頑張っているのに、子どもたちは家庭に帰ってもリラックスできないようです。いつからこんなに子どもたちの生活は多忙で窮屈になってしまったのでしょうか。

保健室に、「もっと大事にして」「もっと話を聞いて」と訴えて来る子どもたちの人恋しい気持ちが胸を打ちます。

また、暴力をふるうことでしか自分の存在をアピールすることができない子どもたちの切ない実態も見えていました。

# 第Ⅱ章　苦悩の中から学校づくりへ

## ❖――疲労でヘトヘトの教師たち

毎日何かしらの事件が起き、その対応に追われる忙しさのなかで、何とか無事にその日が終わることを祈るような毎日でした。疲れていても、誰もがよほどのことがない限り学校は休みませんでした。熱があれば解熱剤を服用し、咳が出ればマスクをして頑張っていました。自分が休めば、みんなに迷惑がかかる、何が起こるか分からないような大変なクラスなのに、休むわけにはいかない、というのがみんなの正直な気持ちだったのではないでしょうか。

先生たちはへとへとに疲れ、自分の学級のことで精いっぱいでした。そして、いつだれが病気になってもおかしくないような緊張した毎日が続いていたのです。

実は私自身も、疲労のため、持病の腰痛が悪化し、コルセットや痛みどめが手放せない日もありますし、繰り返す帯状ほうしんや膀胱炎に悩まされていました。

定期健康診断の時期には、子どもの起こした問題行動について、担任や保護者と話し合い、それが終わってから、翌日の耳鼻科検診のために鼻鏡を煮沸消毒したりして、準備が終わると九時近くなっていたこともありました。

このままではいけない、この状態から抜け出すために何か手を打たなくては。いったい何をしたらいいのだろう、早くなんとかしなくては、と焦る気持ちがつのります。

毎週火曜日の放課後は、組合の職場会をやっていました。会場は保健室です。

職場会では、学級の子どものこと、保護者のこと、学校運営のことなど、なんでも気がねなくしゃべれました。ぐちってもよく、泣いてもよく、言い合ってもよい場所です。

「私、ストレスがたまるとケーキが焼きたくなるの」

という仲間がいて、たまにおいしいケーキにもありつける、なんでもぐちを言える職場会は心がなごみます。

先生方は、自分自身の子育てについての悩みも多いのです。学校で目いっぱい頑張っても、家にどっさり学級の子どもたちの作文や日記、テストなどを持って帰り、自分の子どもを寝かせてから、丸付けや学級通信・学年通信を書いたりします。俗に《ふろしき残業》というものです。それをやらないと間に合わないのです。だから、自分の子育てはどうしても手抜きになってしまいがちです。

「お母さんは学校の子と自分の子と、どっちが好きなの?」

と、泣かれた経験をみんな持っているのです。

## ❖――保健室は先生たちの悩み相談室

このころの職場会では、大変なクラスのことが話題の中心でした。常時複数のクラスが大変でしたから、みんな真剣でした。当面している子どものこと、保護者とこじれていることがあれば、それを最優先に、そしてこれからどうしたら落ち着いた安心できる学級にすることができるのか、経験や知恵を出し合いました。みんなわらにでもすがりたいほど悩んでいたのです。いますぐ大変な状況をなんとかしなくては、という切羽詰まった気持ちは切実でした。

「もう一人先生がいてくれたら」

「一クラス三〇人以下だったら」

「せめて、一、二年生だけでも、複数の担任がほしいね」

何といっても最大の願いは、一日も早く三〇人以下学級が実現して、担任の先生が増えることでした。一クラスの人数が少なくなれば、もっと一人ひとりをていねいに見てやれるのに。先生たちのゆとりがいま何より必要なのです。保健室から見ていても、それは切実な願いでした。

職場会でなくても、放課後の保健室には悩みを抱えた先生方が、

「ちょっといい？」

と言っては、

「A子がね…」

「あの子の親が…」

と話をしに来ました。全校のすべての子どもたちのことにかかわれる養護教諭は、担任にとって大切な相談相手です。また私にとっても、担任との情報交換は欠かせませんが、この時間がなかなか取れないのが悩みです。

保健室には先生方が悩んでいる子どもたちのほとんどが顔を出すため、否応なく保健室は全校の問題が見えやすくなっています。従ってこの時期、保健室には学校中の気になる子どもの相談がさまざまな形で持ち込まれていたように思います。

先生方や親たちが来れば、養護教諭としての仕事を後回しにして、相談に乗っていました。話を聞きながら、その悩みをどんな道筋で解決していったらいいのか、ない知恵をしぼっていっしょに考えましたが、すぐには答えの出せない相談ばかりです。

たくさんの子どもたちの相談が同時進行することも多く、養護教諭という立場の仲間がもう一人いてくれたらと、どんなに思ったことでしょう。二人で相談しながら、子どもの困難に向き合うことができたら、と思わない日はありませんでした。

## ❖――家庭での子育ての悩みも深刻

学校でこれだけ大変な子どもたちですが、家庭での子育ての悩みも深刻になっていました。子どもが問題を起こすたび、担任の先生に呼び出され、学校に来なくてはならない親の気持ちほど、つらいものはありません。

子どもが問題を起したときは、子どもへの対応と同時に、その親を支えることが不可欠です。ほとんどの家庭が核家族となり、相談できる第三者が身近にいないのが普通ですから、親としても学校が頼りなのです。

お母さんたちが自分の子育ての悩みを率直に聞いてもらえる場は少ないようです。学校の保護者会は年に数回あるものの、学校側からの提起が多く、時間も限られ、お母さんたちの悩みが交流される場になっているとはいえません。また共働きが普通になり、つき合うゆとりがないのかもしれませんが、子どもの同級生の親同士も、なかなか友達になるところまではいかないようです。

ある先生は、「低学年は親つなぎも大切な教師の仕事よ」と言って、土曜日の午後に昔遊び大会などを計画してよびかけ、親同士が友達になれるように、意図的、意識的な努力をしていました。

当然のことですが、子どもの問題は学校だけでは絶対解決できるものではありません。また家庭だけでも解決できません。両者がよく理解し合い、協力し合うことが不可欠です。

子どもたちの問題の解決のために、前任校で取り組んでいた教育懇談会が、この学校の実態の中では切実に求められているように感じていました。

## ❖——子育ての悩みを語る場をつくろう！

「大変だけど、やってみようよ」と、組合として一大決心でやり始めたのが、一九九七年一〇月に始めた校区教育懇談会でした。

さっそく呼びかけにこたえてくれそうな保護者の名前をあげて、一〇月一八日（土）に準備会を呼びかけました。

小学校を卒業したばかりのまりさんのお母さんに呼びかけると、

「田中先生のお呼びじゃ、断れないわ」

と言って、快く参加を約束してくださいました。

まりさんは、卒業間際に友達関係のぎくしゃくから教室に行けなくなり、数日保健室に閉じこもってしまいましたが、その事件が優等生であった自分の殻を破るきっかけとなり、そのあと立ち直って中学へ巣立っていった子どもでした。

もう一人私が誘ったのは大山さんで、小学校に二人の子どもが通っていました。一年生の弟の同級生に、前述の一平がいて、一平の学校での乱暴な振る舞いに苦しんでいるお母さんの悩みをよく聞いてあげているということでした。学童保育の父母会の活動もやっている中で、子どもの問題について、学校の先生方との話し合いの必要性を感じると、保健室に来ては語っていたお母さんです。

準備会当日には母親二人、元中学校教師（子どもが私たちの小学校を卒業）、それに組合員四人が参加しました。組合員の二人は一年の担任として、いままさに大きな困難を抱えながら奮闘している仲間でした。

暴力を振るう子どもと、その子どもに同調する多くの男子を抱え、落ち着いた学級がつくれずに悩んでいた一年の吉田先生は、学級で起きた小さな事件を親に連絡したところ、一方の母親は、子どもに、「あんたなんかいらない」と言い、もう一方の母親は、子どもの前で涙を流しながら、「もう乱暴はしないで！　お母さんと約束しようね」と子どもを諭してくれたと紹介しながら、

「乱暴する子どもはたえず怒られていて、欲求不満や寂しさをためているのではないか。子どもは悪いことをしたことを叱られると同時に、親に愛されていることもしっかり実感することができる。愛されていることを実感するからこそ、叱ってくれていることを学んでいく。この子育ての違いを、親たちに分かってほしい」

と、話しました。

福祉関係の仕事をしている大山さんは、自分の子どもとうまく付き合えない若い母親や、三〇歳を過ぎても引きこもりから抜け出せない子どもの母親たちの悩みにも付き合っている実態を出しながら、

「子どもをどう愛したらいいのか分からず、過干渉や管理しすぎる親の問題を感じている」

と、話しました。また、

「生後二カ月の親から、『いつ頃から、習いごとをさせたらいいのでしょうか？』という相談の電話がかかってくる。子どもには習いごとをさせねばならぬと思い込むほど、親が追い詰められているのではないか。若い親たちは、子どもが『他人の子より早くできる』ことで母親としての自分が評価されていると感じているようだ」

と、発言しました。

大山さんの発言は、小学生の過去と未来をつなげてくれたように感じられ、子育てをみんなで考えていくことがとても大切で緊急なこととして胸に落ちました。家庭や学校がバラバラに悩んでいるのではなく、家庭や学校が悩んでいることを交流し合い、問題の本質を学習し合っていかなくては、と強く思ったのでした。

準備会の参加者が、それぞれ感じていることを出し合う中で、

「なんでも話せる、気楽な懇談会を始めましょう」と意見がまとまり、第一回目を一二月六日（土）に決め、友達を誘ってこようと話し合いました。大山さんから、学童保育の仲間に声をかけてもらい、とくに、「暴力で悩んでいる一年の一平くんのお母さんはぜひ誘ってね」と、お願いしました。

### ❖――一平のお母さんも参加した第一回教育懇談会

第一回の教育懇談会は一二人でスタートしました。会場は、学校のすぐそばにある住区センターの会議室（無料）です。

はじめての会としてはまずまずの出発。何よりもお母さんたちが八人も参加してくれているのです。そして、あの一平くんのお母さんは一歳の弟を抱っこしながら参加しています。きっと一平と一平のお母さんのために、この会が力になってやれるにちがいないと、そのとき思いました。

まずは悩みを、誰かに相談することから光が見えてくるはず、「元気を出してね」と心から思いながら、私は会の司会をしていきました。組合の執行委員でもある久保先生は、「一年生が変わってきた。中学生の荒れ、自立できない二〇代、三〇代の子どもたちのことを考えると、『いまの教育でいいのか』と立ち止まって考えていかねば…。みんなで考えていきましょう」

と、問題提起をしながら自己紹介しました。

準備会にも参加してくださった、まりのお母さんは、

「今年、末っ子が中学校に入学したんですが、高校進学と偏差値の話ばかり。教頭先生は『中学は勉強だけすればいい』って。六歳上の子のときより、すごく子どもたちが追い詰められている気がします。ゆとりや個性が絵に描いた餅みたいに聞こえます」

と、教育の在り方を批判しました。

まりのお母さんに誘われて参加した中一と小二の女の子のお母さんは、

「五年違うと勉強のピッチが違う。速いよね。追いついていけなくて、落ちこぼれになったらどうしようって思っちゃう。できる子、できない子の差が大きいんじゃないか。そんなとき、先生たちはどうしているのかしら?」

と、率直な意見。指摘されたことは、現場の教師がもっとも悩んでいる問題の一つです。

担任に誘われて参加した二年生の山木さんは、

「学校に入る前は、他人の子より少しでも早くできること、良くできることを願って、胎教から早期教育を実行して、優越感に浸っていましたが、入学してみると、勉強はでき

るけど友達と遊べないし、砂場の砂にも触れないって、先生から言われてしまって…。担任の先生に『子育て、勉強しよう』と誘ってもらいました」

するど、保母さんをやっているお母さんは、

「うちの園長は『子どもの早期教育はいじめだ』って言ってるわよ。私も子どもにピアノを習わそうか迷っているんだけど、夫が『大人になってからやりたくなっても、子どものときにしかできないことがあるんだよ』と反対しているから、葛藤している」

と、正直に話してくれました。

一平のお母さんは、

「子どもが乱暴で悩んでいます。日本の子育てがまだよくわからない。小さいときから泣かないようになんでも買ってやった。甘えさせ過ぎたのか…」

と、悩みを打ち明け、

「一平は、『負けるのいや、教わるのいや』とはげしい。いま空手に週三回行っています。学童保育に入って、お友達ができてよかった。どうぞよろしく」

と、赤ちゃんをあやしながら、片言の日本語でていねいに話してくれました。

私が誘った相田さんは、

「自分の子育てを反省しながら、子どもを見ています。三人目でいまはじめて子育てが

楽しい。自分では一生懸命育てていたつもりだったが、どこか違っていたみたい。自分の子が先に出ていればいいと欲をかいていました。子どもが頑張っても、いいことやっても〝当たり前〟だと思っていたんです。上の子が小四、二番目が小二のとき、いま六年の美幸が生まれました。美幸は泣いても可愛い。姉が反抗的なのが悩みです。下の子を見る優しさで、どうして上の子を見てやれないのかと苦しんでいます。きょうだいげんかだって、いま思えばいい経験のはずなのに、やめさせていました。子どもはなんでも経験しないと。子育てに無駄はないんだと思います」

お母さんがこんなにも悩み、子どもの気持ちに寄り添いながら子育てをしていることが分かり、美幸ちゃんへのいとおしさが伝わってきました。同時に、お姉さんたちと心がつながらないことに苦しむお母さんの気持ちも痛いほど伝わってきました。

## ❖――「子育ては親の仲間づくりから」を合い言葉に

美幸ちゃんは四年生のとき、性教育で自分のルーツを学び、親の愛をしっかり感じたそのことを、次のような素敵な感想文に書いてくれた子どもでした。

《私は家に帰ってから、性教育の話をお母さんと話しました。お母さんは話を聞いていて、「よくいろいろ勉強したね」といってくれました。ビデオを見て、家に帰ってから話したとき、私がお母さんに「生んでくれてありがとう」といったら、お母さんは泣いてしまいました。私が、「なんで泣くの?」と聞いたら、お母さんは「あなたの言葉に感動したのよ」といっていました。はじめはあまり興味は持たなかった性教育も、いま思ってみれば、「勉強してよかったな」と、そう思っています》

準備会に出てくれた大山さんは、

「いま三年の子が入学するのを機会にこの地に引越してきました。子育ては仲間づくりだと思いますよ。だって、一人で考えても限界があるもの。若いお母さんたちのいいところは、友達が欲しいとはっきり言って、積極的に友達をつくろうとするところです。この会がそんな場になれたらいいなと思います」

そして、さっき子どもの暴力に悩んでいる発言をした一平のお母さんに、

「この間、公園でいっしょにザリガニ取りをしているとき、一平くん、やさしい子だと思ったよ。それに、学童でカレーライスをつくって食べたとき、大きな声でごちそうさまって言ってくれて、うれしかったよ」

とつけくわえ、お母さんを励ましてくれました。

一年の本多さんは、

「先生に誘われて参加しました。私、人付き合いがにがてなんです。でも親が手をかけ

なくてはならないときがあることが分かったので、この会でいろいろ教えて欲しいと思っています」

二年の担任の鈴木先生は、

「忙しい毎日の中で子育ての失敗もありました。どんなに時間がなくても、子どもに心をしっかり向けることが大事だったと思うの」

と、ふりかえりながら発言しました。

こんなふうに、自己紹介の中で自然な感じでみんなが自分の子育てや問題意識を率直に出してくれました。

人の話を聞き、自分の気持ちを言葉にしてみると、世の中の流れの中で、知らず知らず競争教育のレールに乗せられ、子どもを追い立ててきていることに気付きました。そして、子育ては、親がしっかりと心にゆとりを持って子どもを育てることが大事だという、当たり前のことに気がつきます。

「人付き合いが苦手だったが、話してみると、いろんなことがわかって嬉しい」との感想も聞かれ、「子育ては親の仲間づくりから」が共通の思いとして確認されたようでした。

## ❖——私自身にもあった子育ての失敗

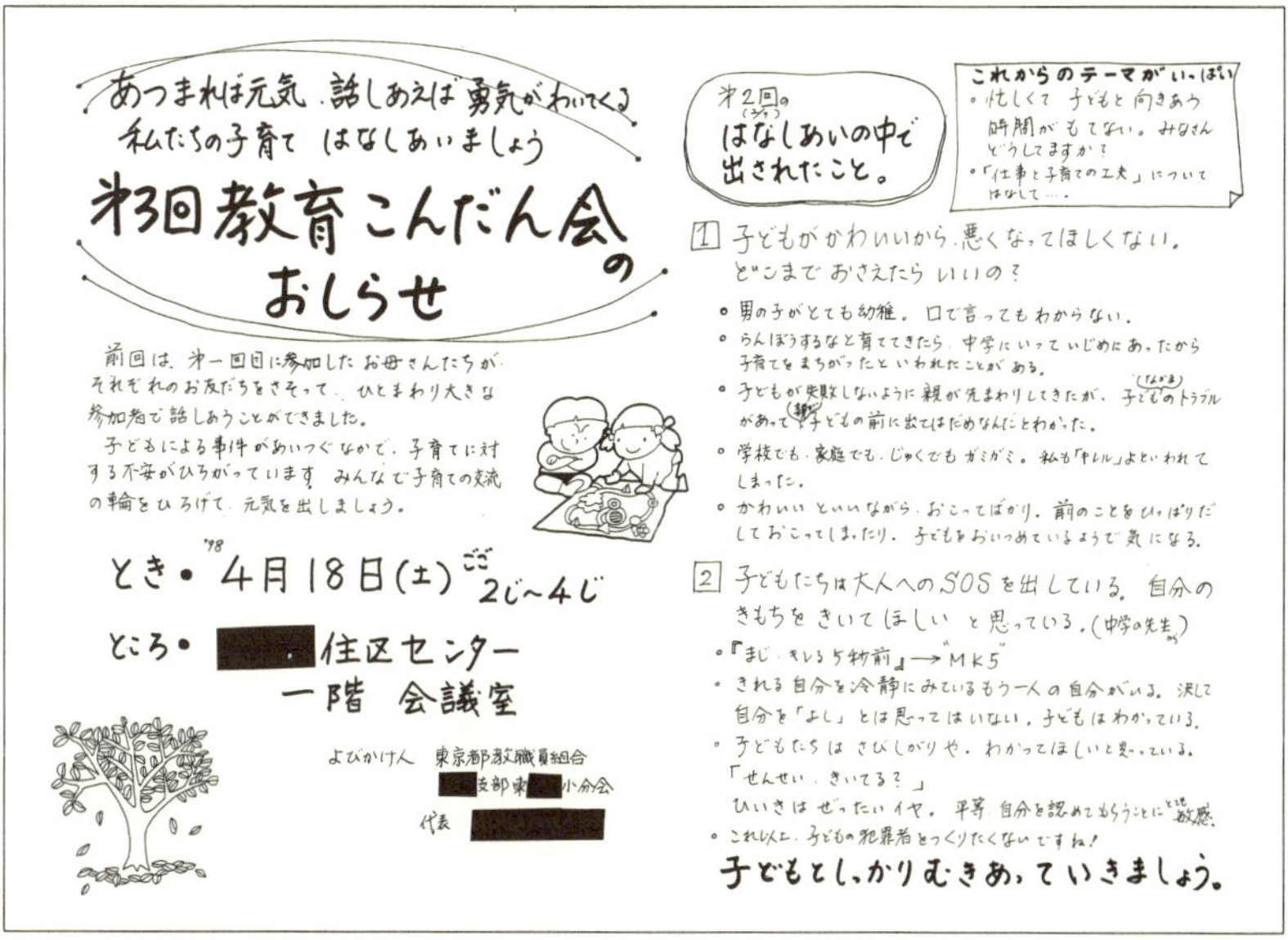

あつまれば元気　話しあえば勇気がわいてくる
私たちの子育て　はなしあいましょう

# 第3回教育こんだん会のおしらせ

前回は、第一回目に参加したお母さんたちが、それぞれのお友だちをさそって、ひとまわり大きな参加者で話しあうことができました。

子どもによる事件があいつぐなかで、子育てに対する不安がひろがっています。みんなで子育ての交流の輪をひろげて、元気を出しましょう。

とき・'98 4月18日(土) ごご2じ～4じ

ところ・[redacted]住区センター
一階　会議室

よびかけ人　東京都教職員組合
[redacted]支部東[redacted]小分会
代表 [redacted]

第2回のはなしあいの中で出されたこと。

これからのテーマがいっぱい
- 忙しくて子どもと向きあう時間がもてない。みなさんどうしてますか？
- 「仕事と子育ての工夫」についてはなして….

1 子どもがかわいいから、悪くなってほしくない。どこまでおさえたらいいの？
- 男の子がとても幼稚。口で言ってもわからない。
- らんぼうするなと育ててきたら、中学にいっていじめにあったから子育てをまちがったといわれたことがある。
- 子どもが失敗しないように親が先まわりしてきたが、子ども《なかま》のトラブルがあって（親が）子どもの前に出てはだめなんだとわかった。
- 学校でも、家庭でも、じゅくでもガミガミ。私も「キレル」よといわれてしまった。
- かわいいといいながら、おこってばかり。前のことをひっぱりだしておこってしまったり。子どもをおいつめているようで気になる。

2 子どもたちは大人へのSOSを出している。自分のきもちをきいてほしいと思っている。(中学の先生から)
- 『まじ、キレる5秒前』→"MK5"
- きれる自分を冷静にみているもう一人の自分がいる。決して自分を「よし」とは思ってはいない。子どもはわかっている。
- 子どもたちはさびしがりや。わかってほしいと思っている。
「せんせい、きいてる？」

ひいきはぜったいイヤ。平等、自分を認めてもらうことにとても敏感。
- これ以上、子どもの犯罪者をつくりたくないですね！

子どもとしっかりむきあっていきましょう。

教育懇談会の呼びかけには、前回の話し合いの内容も盛り込んだ。


たった二時間なのに、みんなの心に温かい思いが通い合ったような気がしました。

そんな中で私は、これからいよいよ教育懇談会を続けていくんだなと、心ひそかに決意を新たにしていたのでした。

私自身の子育てにも、大きな失敗がありました。子どもを追いつめていたあの頃の体験は、いまも娘へのすまなさでいっぱいです。しかし、親の失敗を見事にはねかえして、いまは母親として子どもを育てる娘を心から応援しています。そんな私自身の失敗経験も、子育ての先輩として、会の中で語っていきたいと思いました。子育てに自信をなくしているお母さんたちが、一人でも多く参加して、子育てを楽しめるように応援したいという気持ちでした。

次回はそれぞれまた新しい友達を誘って来よ

う と確認して、散会しました。
保健室からも、子育てについていっしょに勉強したいと思ったお母さんたちに教育懇談会への参加をよびかけました。
一年生の男の子で、この子のお母さんなら参加してもらえるかなと思い、お誘いの手紙を渡したところ、
《今回のお手紙にとまどっております。家では別に何も変わらないのですが、学校での態度がおかしいのでしょうか。暴力的になったとか、かくれて悪いことをしているとか、何か特別な理由があるのでしたら、お話を聞かせていただきたいとおもいます》
という返事が届き、あわてて電話で謝りました。
また、あるお母さんからは、
《ストレスを抱えている子のことは、先生方も抱き締めたり、話をきいてください、とおっしゃいますが、わざわざ学校へ行ってストレスをもらってくる子はどうしたらいいのでしょう。私のまわりでは、そういった子が朝、頭が痛い、気持ちが悪い、そんな思いをしながらも学校へ行っています》
というお手紙をいただき、教室の大変な事態が親たちにも大きな不安を与えていることを感じさせられたのでした。

## ❖──病気休職に追い込まれた鈴木先生

二年一組の指導教官をしていた鈴木先生は、次の年（1998年）再び一年生を受け持ちました。このクラスにも事情を抱え、先生を独り占めしたくなる寂しい子どもたちがたくさんいて、入学してまもなくから先生の周りをいつも追いかけているような状態がありました。

ベテランの鈴木先生は、いつもの年なら、それらの子どもたちをゆったりと受け止めつつ、その子の問題の本質を見抜き、親の悩みに応えて子育てを応援していました。子どもや親の態度が少しでも変化すると、これを見逃さずに認め励ましてやるので、鈴木先生にはすぐに親のファンができてしまうのです。

ところが、この年はそうはいかなかったのです。事情を抱えたたくさんの子どもたちが、いつも先生の周りに「きいて、きいて！」とまとわりついて離れない。そんな子どもたちについていけないほど、先生は疲れ切っていたのでした。

四月の終わり、家庭訪問を終えて、

「お母さんがいなくて、おばあちゃんが育てている家が二つもあってね、おばあちゃんたちの悩みを聞くことができたよ」

と、入学してすぐ保健室の常連になっていた二人のことを話してくれました。

保健室の先に一年生の教室があるので、必ずといっていいほど、保健室を通り道にして、

「今日は元気?」

「顔色いいね」

などと、当時、家庭の悩みを抱えていた私に声をかけたり、保健室にいる子どもに声をかけたりして行くのでした。

それなのに、鈴木先生の口数が少なくなり、保健室を通り抜ける回数がめっきり減ってしまっていることに気が付いたのは、五月が終わる頃のことでした。健康診断で毎日何かしらの保健行事に追われていた私は、先生の変化に気がつくのが遅かったなと、いまにして思います。

五月末、運動会の準備で大忙しの頃、鈴木先生がやせてきたことが急に気になり、気をつけてみると、私との会話を避けているようにさえ見えます。目に力がなく、いつも顔を下に向けて背を丸くして歩いている姿は、どう見てもいつもの先生ではありません。

ようやく鈴木先生とじっくりと話す時間がとれたのは、六月初旬の教職員組合婦人部総会が終わった後でした。

「もう私、自信がなくなってしまった」

「子どもの前に立つと声が出ないの」

「子どもに負けてしまうの」

「声を出す音楽と体育がつらい」

家庭訪問が終わった頃から、鈴木先生はほとんど眠れなくなっていたのでした。子どもの声が夢の中までも聞こえてくるというのです。食欲もなくなり、ヨーグルトとか、ゼリーのようなものしかからだが受け付けなくなり、やせてきていました。体も心も疲れてボロボロになっていたのです。どうしてもっと早く気が付いてやれなかったのか…。まずは眠れるようにして体を回復させなくてはと、すぐに病院を紹介しました。

翌日、学年の先生方と管理職に鈴木先生の状態を話して、いますぐ学校の中でできる応援体制を考えてもらいました。当面、体育と音楽を、ほかの二クラスの先生が自分のクラスと合同で受け持つことになりました。また、彼女が責任者であった校務分掌をはずし、気持ちを楽にしてもらえるような配慮もなされました。

鈴木先生にとっては、みんなに負担をかけることは、かえってつらいことでもあったようでしたが、このようにしながら、なんとか一学期を乗り切ることができました。

そして、夏休みには元気を取り戻したかに見えたのでしたが、九月一日、鈴木先生は校門の前まで来るのが精いっぱいでした。

## ❖——子どもを愛するゆとりがほしい

鈴木先生が病気休職に入り、職場には「病気になる前になんとかしてやれなかったのか」という大きな悔いが残りました。それと同時に、このままでは第二、第三の鈴木先生が出てしまうと思うほど、事態は深刻でした。

鈴木先生が休職されたこの年、私から見て目立って困難を抱えていた学級は四つもありました。鈴木先生の担任する一年三組、ベテランの先生が苦しんだ二年二組、二年目の先生が担任した三年一組、それと二年一組などでした。

入学したばかりの一年生がおかしいと気付いてから、三年目に入っていました。そして、全国のあちこちでも、同じような実態が広がっているらしく、テレビや新聞を通じて「学級崩壊」という言葉が目に付くようになってきました。

私は、マスコミの「学級崩壊」という言い方に強い抵抗を感じていました。その言い方には、先生たちの血のにじむような、毎日の悪戦苦闘への共感や応援歌が感じられない。教育現場の命を削るようなたたかいを知ろうともしない、無責任なひびきを感じるからです。さらには、子どもたちが競争教育や長引く不況のもとで、いかに大事にされていないか、いかに傷ついているか、豊かなはずの子ども時代を奪われた子どもたちの苦しみを見ずに、学級経営の困難さの表面だけを見て、「教師の力不足」「家庭の教育力の低下」が原因であるとする一方的で、無責任な発言が主流を占めているように感じていたからです。また、教師や家庭に責任を押しつけることによって、教職員の定員増や学習指導要領の見直しなど、抜本的な施策をとろうとしない文部省（当時）の無責任ぶりをも感じていたからでした。

もしもマスコミが「学級崩壊」を話題にするならば、もっと学校現場を見に来て、子どもの現状や教育現場が何に苦しんでいるのか、何を必要としているのか、つぶさに見たり聞いたりして生の声を、真実を伝えてほしい、そして行政を動かす力になってほしいと切実に願いました。

いま教育現場に必要なのは何よりも「子どもを愛するゆとり」です。「一クラスの人数を三〇人以下にして、もっと先生を増やして！　養護教諭を増やして！」。そんな声を取り上げて、行政が予算をつけるように働きかけてほしいと願っています。

### ❖——教師の「悩み・ぐちを語る会」を開く

「低学年が大変！」というのは、もう誰の目にも見えていました。職場会を開くと、みんなぐちやため息の連続でした。そんな中で、組合執行委員の久保先生が、

「職場の先生たちに呼びかけて、悩みやぐちを言い合って、元気を出し合うような会をやろうよ」

と、提案しました。久保先生が呼びかけのチラシを作って、全員に配り、ケーキと紅茶を用意して、ランチルームでみんなを待ちました。

一〇月九日、分会の呼びかけではじめて開いた「悩み・ぐちを語る会」には、教職員のほとんどが参加して、一人ひとりの学級の現状や悩みを包み隠さず出し合いました。

「どんなに頑張っても、一人では解決できない」

「この子どもたちの大変さは、担任の指導力を越えている」

お母さんがブティックを経営している明は、二年になって担任が変わりましたが、自分勝手な行動は相変わらずでした。それどころか、学級の中にとどまらず、隣のクラスの一平と敵対し、学級を越えた事件が増えていました。

最も困難を抱えていた二年生は、この会での話し合いを力に、学校として二年生の事態に応援をしてほしいと、具体的な項目を持って校長先生と話し合いました。

その結果、一〇月中旬から体育・音楽は二学級合同で授業すること、日本語指導の先生は、日本語指導を必要とする子どものいる学級でT・T（チーム・ティーチング）として指導することなどが、実行されました。

二学級合同でやるということは、八〇人近くを二人の担任で見るということですが、集団に入れない子どもを一人の先生が見ていると、残りの大多数をもう一人の先生が指導することが可能なのです。展覧会の作品準備の時期でもあったので、この指導体制は十分な効果を発揮することができました。

学級が荒れて落ち込んでいる先生方を責めるのではなく、みんなの問題として取り組んでいこうと励まし合う教職員集団。学級が荒れているのは担任だけの問題でも、責任でもありません。

「悩みはみんなの前に出そう」

「できることから力を合わせよう」

先生方は、自分自身の問題として、「子どもたちの荒れ」に立ち向かっていきました。「悩み・ぐちを語る会」が力になって、職員会議や生活指導の会議では、これまでよりもいっそう学級の子どもたちの問題が率直に提起されるようになりました。とにかく、この間の私たちのモットーは、「一人だけで悩まないこと」「悩んでいる仲間を独りぼっちにしないこと」でした。

「悩み・ぐちを語る会」は、翌年の二月にも開きました。

## ❖――近隣の学校も同じ状況に悩んでいた

執行委員の久保先生は、ベテランの鈴木先生の休職に強い危機感を感じていました。なぜ同僚を病休に追い込んでしまったのか、この原因を考え、記録することの大切さを私にも切々と語られました。

一〇月半ばに開かれた支部教研分科会には、「〝切れる子ども〟〝荒れる学級〟――つぎはぎだらけの対応では教師がつぶれる」という実感のこもったタイトルで分科会を立ち上げ、呼びかけたところ、五〇人以上の参加者が集まり、一つの学校で数人が参加するところもあって、レポートは足りなくなるほどでした。

たくさんの学校から、悲鳴のような実態が出されました。例えば、

◆二年生が大変。二人が毎日事件を起こす。教頭がついている。親も見に来ている。親は、先生があまいというが…。廊下で寝ているときが一番ありがたい。

◆五年生の一〇数人（女子を含む）がタバコを吸っている。それぞれせつない家庭の事情があるが…。

◆四年、毎日トラブル。怒っていて、ものに当たったり、教室に入って来ない。どうして言葉で解決できないのか、どうやって興奮を抑えればいいのか。

◆低学年の子どもたちがどうしてこうなってしまうのか、どうしたらいいのか。
多くの学校が同じような状況に悩み、苦しんでいることがわかりました。レポートを提出した私の職場にも質問が出されました。

「どんな体制をつくったのですか?」

昨年一年生を受け持って苦労した吉田先生は、

「生活指導部が事例検討会で取り上げてくれて、救われた気持ちになった。職場の仲間が、『先生一人で抱えていたらつぶれてしまうよ』と言ってくれた。こんなに教職経験が長いのに、弱音をはけないなどと、教師としてのプライドが自分を許せず、一人で苦しみました。とにかく不必要なプライドを捨てて、早いうちにみんなの助けを求めること」

と、発言されました。暴力的でわがままが突出した明たちにかき回された、昨年の苦い思いを乗り越えた吉田先生の発言は、参加者の胸に響きました。ベテランであろうと、経験が少ない教師であろうと、新しい子どもたちの実態にどう対応したらいいのか分からないのは同じです。一人の悩みをみんなで悩むことができる職場、励まし合っていける職場をつくっていくことがとても大事であることが、先生の発言でわかりました。

参加者からの反響も大きく、

《切れるというテーマに飛びついて参加しました。はっきり言って私のクラスの実態は、

〝切れる教師〟だと思っています。レポートに引き続く、各先生方の生の声がとても参考になりました。お話をうかがいながら、少し冷静に自分を見つめ直すことができ、参加して良かったなあと思います》

など、たくさんの感想が寄せられました。いまや〝切れ〟〝荒れ〟を克服し、子どもを健やかに育てるための学校づくりをどう進めるかという論議と実践が待たれていると痛感しました。

現場の実態や子どもを抜きにして、上からの教育改革路線を押し付けてきたつけが、自己肯定感がうすい、人とのかかわりを上手につくれない子どもたちを大量に生んだこと、そして低学力、自治能力の低下など、子どもたちの姿を通して、いま誰の目にも見えるようになってきたと感じたことでした。そしてまた、それらのことが、人として自立していく上で取り返しのつかない弱点にならないように援助することが、教育の大きな使命として課せられていると感じました。

この分科会で私は、養護教諭として、「人として、生き生きと働き、生きるために――からだ・いのちをこれ以上すり減らさないで」と題したレポートを出して、休職に追い込まれた鈴木先生の事例をもとに、自分と仲間のからだといのちを気づかい合える職場づくりをめざして、討論に参加しました。

## ❖──「保健室の子どもレポート」は全国教研で大きな反響

久保先生と私のレポートを合体させ、「保健室の子どもの実態から見える教室の非常事態に早急な対応を」と題して、東京教研集会学校保健分科会で私が報告したのは、その年の一一月でした。

さらにそのレポートは、滋賀県で行われた全国教育研究集会の「民主的な学校づくり分科会」の東京代表レポートとして送り出されたのでした。

この頃はすでに、全国各地で「学級崩壊」という現象が起きている様子がマスコミを通じて、ひしひしと伝わってきました。私のレポート内容が公表されたのでしょうか、三大新聞をはじめ、たくさんのマスコミからの取材攻勢にあいました。

しかしその取材姿勢は、これまでの教師批判を中心とするものとは違って、現状をどうとらえ、どうしたらよいのかという、現場の気持ちに沿った前向きな姿勢を感じることができました。

新聞の記事を引いてみると――

《全日本教職員組合などが主催する教研集会では、東京のある区立小学校の取組みを養護教諭が発表する。ケンカや暴力で荒れる子どもたちに悩まされた教師たちは、昨年一〇月の放課後、「悩み・ぐちを語る会」を開いて、本音で苦悩を語り合った。ここでの提案がきっかけとなって、二年生の校庭体育の授業を二クラスが合同で行うことになった。一人の教師が全体を指導し、のこる一人が落ち着きのない子どもたちの指導に当たっている。みんなで遊ぼう集会や、買い物ごっこなどには一年生を招待。一緒に遊ぶことで、「お兄さん、お姉さん」の自覚を促した。

二カ月に一度の割で、教師と父母の有志が土曜日の午後、教育懇談会を続けている。学校での実情や、子育ての悩みを語り合い、子どものことを学び合っている。出席者は毎回一五人程度だが、中学校の教師も参加するなど、すこしずつ輪が広がっている。

こうした工夫の積み重ねで、問題はまだまだあるが、子どもたちはなんとか席について授業を受けられるようになった。

保健室にやってくる子どもは一日一〇〇人を超すことも多く、全校児童の四分の一に達する。キャリア三〇年を超えるベテラン養護教諭は、「二、三年前から急増した。病気やけがの治療だけでなく、つかのまの休息、あたたかい人間関係を求めている」と話している》(『朝日新聞』1月19日付)

この研究集会の分科会のまとめの中で、共同研究者の村山士郎氏(大東文化大学)は、討論と報告の中から三つのレポートに注目するとして、その一つに私のレポートを取り上げ、次のように書いています。

《東京の田中報告（小）は、「保健室の子どもの実態から見える教室の非常事態に早急な対応を」と題するレポートで、全校五〇〇人余の学校で、一九九七年六月の調査で一日一三八人、九八年の同じ調査でやはり一三九人が保健室に来ており、四人に一人が顔を出していることになると、保健室の現状を語りました。田中氏は、子どもたちの「荒れ」は、子どもの体の叫びととらえます。眠い、イライラする、横になって休みたいなど、体の症状を訴えています。子どもたちは疲れた体を受け止めてほしいと願っている、安心していやす場を求めています。また保健室に来る子どもの中には、特別用事のない子が約二〇％もいて、自由な会話を楽しんだり、ソファに座ってじゃれあったり、身長を計ったりしています。「緊張した授業の後の束の間のホッとする時間、空間、仲間を求めているように思え、保健室が子どもたちにとって必要な場所になっていることを感じる」と報告しました。保健室に顔を出す子どもの姿からは、今、何が学校に求められているかが見えてきます》（「日本の民主教育'99」）

## ❖――三つのテーマに分かれての校内研究

一九九七年度は大変な事態に対して、教職員集団が一団となって悩み苦しみながら、一歩一歩歩いてきた年でした。みんなで苦しみを共有する中で、子どもの見方や対応の仕方にも、変化が現れてきました。教師としての子どもへの要求が柔軟になり、子どもの行動を叱ったり責めるよりも、認める方向に変わっていきました。例えば「一定時間我慢することができた」などという小さなことでも、認めてやることができるようになりました。

子どもの親と何度も話し合う中で、子育ての悩みに共感的にかかわれるようにもなってきました。困難は続いていましたが、学級の悩みは担任一人で悩むのではなく、学校全体で考える体制が少しずつ前進していき、何とかみんなで頑張っていこうとしていました。

これに先立つ一九九六年から、校内研究は「今、児童にとって必要な力の育成をめざして」というテーマを取り上げ、三年間の予定で「体力の向上」「聞く力、話す力」「からだと心を学ぶ」という三つの分科会に分かれて研究していました。

私は、「からだと心を学ぶ」分科会で、性教育を中心とした「からだと心を学ぶ」カリキュラムの作成や、「豊かな人間関係を育て、自分や友達のよさを認めあえる教育活動」を研究する分科会に所属することにしました。

この研究の三年間は、入学したての一年生に悩み、教育活動上かつて経験したことのない困難な時期と重なっていたため、子どもの実態をどう見たらいいのか、困難を抱えた担任や親をどう支えたらいいのかなど、具体的な事態の解決について、この分科会でも問題にせざるを得ませんでした。

研究の一年目は、からだと心のカリキュラムづくりと性教育の実践を進めました。これまでに実践的に積み上げてきていた内容を、「からだ」（わたしのからだ）、「いのち」（大切なわたし）、「みんななかま」（男女平等、人格形成）の三つに整理し、それぞれの指導内容を学年ごとに検討し、できるところから実践しました。

二年目は、子どもたちの不安や悩みを知り、心の問題がどうして起こるのか、教師がその心理を分析し、機会をとらえた指導を通して、自己解決能力を育てたいと願い、学校生活についてのアンケートをとり、子どもの気持ちをまとめました。

暴力などの問題を起こした子どもたちが、ふとしたときに、

「いつだって、悪いのはおれなんだ」

「どうせ、おれなんか」

「おれだって頑張ったのに、全然ほめてもくれない」

「いいところなんかないって言われた」

などとつぶやくのが聞こえます。そんなつぶやきから、愛されている実感が薄く、自己肯定感が低い、さびしい心が見えてきます。暴力やわがままな行動を繰り返す子どもの心に迫り、大人へのＳＯＳとしても理解しようとしたのです。

ます。

## ❖——アンケートでつかんだ子どもたちの実態

「学校が楽しいか」という問いには、低学年では、九四％が「学校は楽しい」と答えています。

その内容は、友達、遊び、勉強など、学校生活全般におよんでいました。「楽しくない」は六％（19人）で、各クラスに二人程度でしたが、嫌なことをされると感じている子どもは四〇％もいます。暴力、態度、言葉などで感じているようです。友達とのコミュニケーションがうまく取れず、問題が起きたときに「わたしは悪くないのに」というように、被害者意識を持つようなこともあるようです。約束をしていないと遊んでもらえない、入れてと言えないなど、友達づくりの不器用さも目立ちます。

「いじめられている人を見たことがありますか」の問いには、半数以上の子どもが「ある」と答えています。三人以上の子どもが「いじめられている子」として名前をあげていたのは、一三人もいました。

高学年では、「学校が楽しいか」という問いには、二〇％近く「いいえ」の答えがあり、その内容として、約四〇％が「勉強がわからないことがある」と答えています。学習内容を工夫し、「できた」という達成感・充足感を育ててやることが課題となります。

# アンケートの結果（低学年）

## Q１．学校は楽しいですか

| | はい | いいえ |
|---|---|---|
| １年生 | 82人 | 6人 |
| ２年生 | 91人 | 6人 |
| ３年生 | 93人 | 7人 |

## Q２．嫌なことがありますか

| | はい | いいえ |
|---|---|---|
| １年生 | 54人 | 42人 |
| ２年生 | 39人 | 58人 |
| ３年生 | 24人 | 76人 |

## Q３．学校で遊ぶ友達はいますか

| | はい | いいえ |
|---|---|---|
| １年生 | 95人 | 4人 |
| ２年生 | 95人 | 2人 |
| ３年生 | 97人 | 3人 |

## Q４．クラスの中でいじめられている人はいますか

| | はい | いいえ |
|---|---|---|
| １年生 | 54人 | 43人 |
| ２年生 | 38人 | 34人 |
| ３年生 | 27人 | 70人 |

## Q５．いじめられている人を見たことがありますか

| | はい | いいえ |
|---|---|---|
| １年生 | 56人 | 39人 |
| ２年生 | 53人 | 43人 |
| ３年生 | 49人 | 47人 |

「友達に勉強を教えてもらったことがある」「教えてやったことがある」はどちらも九〇%を超え、日常的に教え合うという関係が成り立っていることが分かりました。教えてもらったときは、「ありがたい」「うれしかった」という気持ちを抱き、教えてやったときには「役に立ててうれしかった」と答えています。「してもらったり」「してあげたり」する関係は、人間本来の喜びであり、この関係が自然な形で育っていることが分かりました。

「友達のことで悩んだことがあるか」という問いには、半数近くが「ある」と答えています。その理由に「友達に嫌われた」と思っている子が多いのですが、相手にその理由をたずねなかったり、直接にかかわり合うことを避けるような希薄な人間関係があるように思えました。その悩みの解決については、「自分で解決した」が多く、「家族や先生に相談」は、六年になるにつれて減っていました。

これらアンケートのまとめから、勉強に不安を持ち、人間関係のつくり方がうまくできない子どもたちの実態をつかむことができました。これらの実態は学級や専科、保健室などの報告からも裏付けられるものでした。

## ❖――行事で子どもたちの良さを認め合う

三年目はアンケートの分析をもとに見えてきた子どもたちの実態から、学校として何をなすべきか、具体的な取り組みを考えました。特に重視したことは、一年から六年までの子どもたちの成長過程への見通しをつけ、系統的に継続した実践を積み上げることでした。そのことによって、学級担任の戸惑いも少なくなると考えました。子どもを励まし、自己肯定力をつけ、自治能力を育てるための具体的な実践内容を、低学年と高学年の担任の先生をチューターにした学習会も持ちました。

新学期は新しい学年・学級の中で、ルールづくり、友達づくりをどう進めるかがポイントです。学級や学年の目標や、学校生活を楽しくしていくためのルールづくり、友達のいいところを見つける学級会、問題を自分たちで解決する話し合い活動、自分たちで企画し実行する中で、みんながリーダーとしての経験を積めるような学級行事などが交流されました。

また、朝読書の取り組みも、学級の生活を落ち着かせる上で、効果があったように思います。教職員が打ち合わせをしている時間帯に、わずか一〇分ですが、自分の好きな本を読む時間をつくりました。数年前からは、この時間にお母さんたちが「図書ボランティア」

として、子どもの本の読み聞かせをしてくれるようになりました。授業が始まる前の一定時間が落ち着いてきたことも、よかったようです。

学校生活における子どもの主たる居場所は学級です。一人ひとりの子どもが安心できる学級をつくっていくことが何より大切です。

研究の最後に「心に問題をもつ子の指導」として、子どもの現状と、その現状に対する取り組み・対応例を一覧表にまとめました。このまとめは、その後、毎年年度はじめには全教職員で確認し、年度当初の保護者会でも学校から問題提起して確認しています。

学校行事としては、全校で子どもの良さを認め合い、励まし合う取り組みとして実践した展覧会での手紙交換も有意義なものでした。

図工や家庭科の作品を中心に、体育館が素晴らしい空間に変身します。そこに飾られた作品の中から、自分が気に入った作品の作者に感想を書いて送るのです。教師は、必ず全員の子どもが手紙をもらえるように配慮をします。先生も保護者も書きます。作品を通して人を理解し、人のいいところを認め、手紙を通して心の交流をはかることができます。そして、自分の良さを知り、心が安定したり、自分に自信を持つことができるようです。

この展覧会の取り組みは、保護者からも大変好評でした。

《感想のお手紙は、とてもいいと思います。照れながらもうれしそうに見せてくれまし

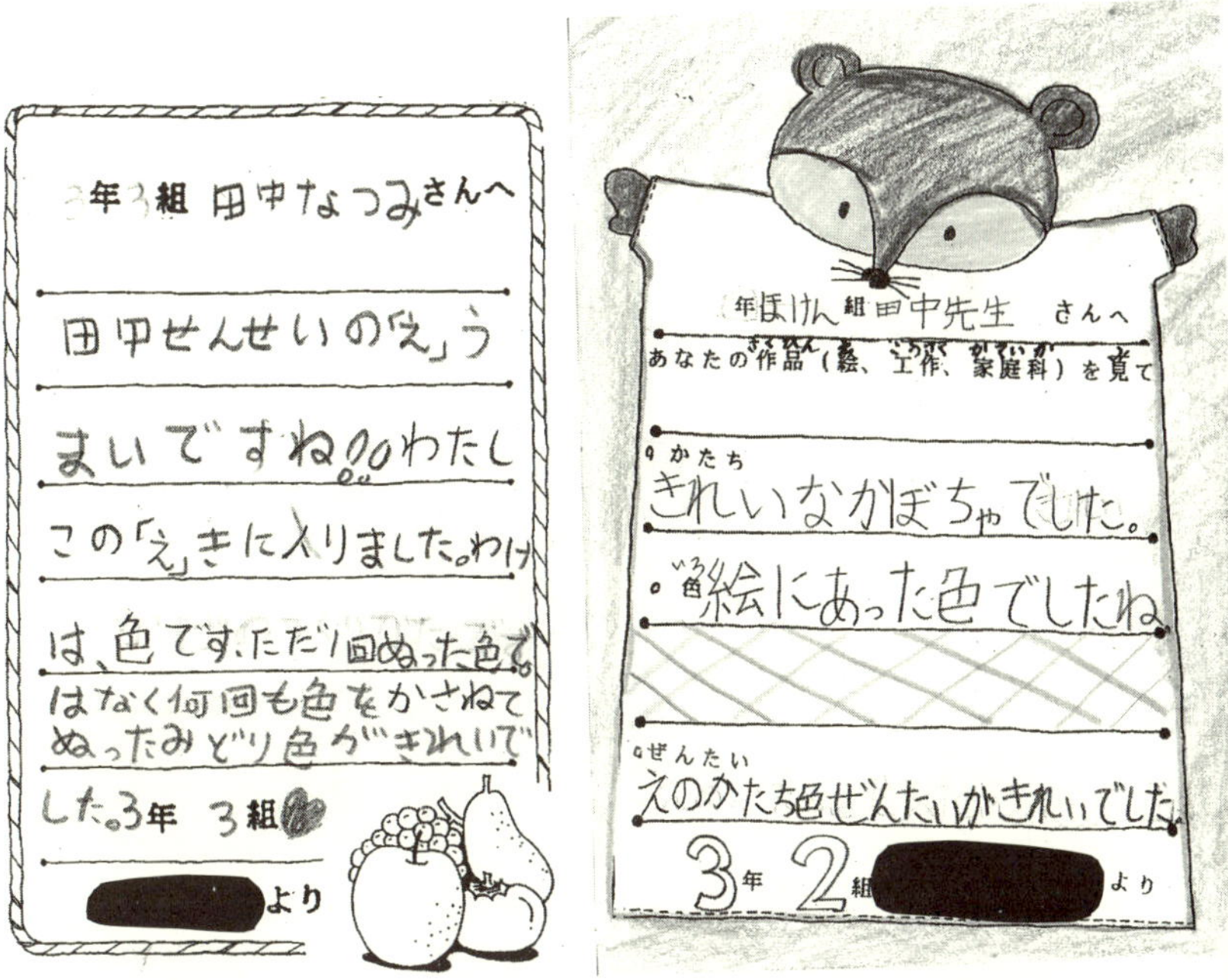


出展したカボチャの絵を見て、子どもたちが書いてくれた手紙。

た。自分以外の作品をていねいに見ることにもなるし、自分を認めてもらうことは、自信にもつながると思います》

私も、畑でとれたカボチャの絵を出展し、保健室によく来る子どもたちにけっこうたくさん手紙も書きました。

《田中せんせいのえ、うまいです。わたし、このえ、気に入りました。わけはいろです。ただ一回ぬったいろではなく、何回もいろをかさねてぬったみどりいろがきれいでした》

子どもたちからこんな返事をもらうたび、とてもうれしかったです。

一つのことをやり遂げたとき、子どもの気持ちは「やった」「できた」と、とてもうれしく、充実したものでしょう。その気持ちに寄り添って、「よくがんばったね」「すてきだよ」と認めてあげたら、子どものやる気はぐんと大きくなるはずです。一つ一つの学校行事をこんなやさしい気持ちで組み立てていくことができる学校を大切にしたいと思います。

## ❖――「性教育」は担任と養護教諭の共同授業で

性教育では、からだやいのちについての学習をとおして、いのちの尊さや思いやりの気持ちを育てたいと願いました。さまざまな事情のなかで、さびしい思いをしている子どもたちに、「生まれてきた自分」「育ててもらっている自分」、そして「頑張っている自分」を見つめて、大切な自分に気がついてほしいと思います。

性教育を学習する場合、月経、精通をはじめ、性交、受精、妊娠、出産など、からだについての専門的・科学的な知識が必要です。そのため、担任の先生たちは指導にしりごみしてしまい、からだの専門家としての養護教諭を頼りがちです。

しかし、性教育は科学的な知識を教えることだけが目的ではなく、その教育を通して、子どもたちが自分を見つめ、自分を愛し育ててくれる人びとに思いを寄せながら、人間としての自分を確立していくための学習ですから、日常の子どもたちと深くつき合い、子どもたちの気持ちや人間関係をよく分かっている担任の先生が指導することがふさわしいと、私は考えています。

性教育としてまだ内容も確立していなかった頃には、担任から時間をもらい、養護教諭として授業らしきことをすべて自分でやっていた時期もありました。けれども、養護教諭が一方的に言いたいことをしゃべり、子どもとの対話をする間もなく、養護教諭の思いだけが先行するやり方は自分でも納得がいかず、まして子どもたちにとっても未消化な、わけの分からない時間だったのではないでしょうか。

ですから今は、担任の先生の指導を軸にしながら、養護教諭としてT・T（チーム・ティーチング）として、性教育にかかわっています。

現任校では、一年生から六年生まで、発達段階から考えられた系統的な内容をもとに、それぞれの学年会で性教育の具体的な内容を検討します。その学年会に養護教諭として参加し、担任が指導することを基本にしながら、養護教諭としての専門性を必要とする場面や、要請などがあれば、積極的にかかわる努力をしています。

性教育は、教師が人間の先輩として、裸になって自分を語る学習の場でもあります。子どもたちにとって、大人になるということはどんなに魅力的で、かつ不安なことでしょう。ことに思春期の入口に立つ高学年の子どもたちにとっては、なおさらのことです。教師とともに人間を学ぶ性教育を、養護教諭として応援したいと思います。

## 「からだと心の教育」実践一覧　2001年度

| | からだを学び、からだを育てる | 人とのかかわり、自分さがしから自分づくりへ |
|---|---|---|
| 1年 | ・からだの各部の名称とはたらき<br>・男女のちがいは（女の子にもオチンチンはあるか、男の子のふくろは、おとなになったら赤ちゃんのたねができる、女の子には赤ちゃんの通り道がある）<br>・おとなの歯がはえたよ | ・友だちいっぱい（４月）、名刺交換ゲーム<br>・友だちや自分のいいところさがし（２月、学活）<br>・友だちと仲良く（通年、大休みに友だちと遊べる要素がある学習を組み込む） |
| 2年 | ・おへそってなあに<br>・血の話（血のはたらき、ケガのなおりかた）<br>・食べ物のとおりみち | ・いのちの大切さ、自分という存在に気づこう<br>　おへそってなあに（国）<br>　自分史づくり（生活）<br>・友だちのいいところさがし（道徳） |
| 3年 | ・いのちのはじまり（動物の誕生、交尾）<br>・ひふのはたらき、カゼの予防<br>・歯のはたらき、むしば予防 | ・みんなともだち<br>　障害を持つ人たちとの交流（総合）<br>・友だちのいいところさがし（学活） |
| 4年 | ・わたしたちのたんじょう<br>（卵子、精子、性交、受精、妊娠、出産、おとなに向かうわたしたち）<br>・外遊びと脳のはたらき | ・いじめ、差別を許さない<br>・男女の協力<br>・学級のルールづくり<br>・人間のねうち、教材『おとなになれなかった弟たちに』 |
| 5年 | ・大人に近づくからだ<br>（体の発達と心の発達、二次性徴）<br>・動物や人の誕生<br>・薬物、タバコの害 | ・学級目標のテーマを決める<br>・スマイルタイムでスポーツ大会、ゲームなど企画、運営<br>・かがやき発見（道徳）――友だちの良かったところ、自分のいいところ<br>・いじめについて<br>・人間のねうち、教材「歯型」 |
| 6年 | ・薬物、タバコの害<br>・ヒトのからだ（生きるとは、生きることの実感）<br>・エイズとわたしたち（共生、人権）<br>・いのちと愛のメッセージ（受け継がれるいのち） | ・大切な友だち（リーダー育成、集団のきずな）<br>・生命の大切さ（生と死を考える）<br>・自分をみつめよう（自分への手紙）<br>・未成年の主張<br>・朝の会、帰りの会でスピーチ<br>・人間のねうち、教材「ぼくのお姉さん」 |

性教育のポイントとして、自分のいのちがどのようにして生まれ、どのようにして大事に育てられてきたのか、というテーマを一年から六年まで繰り返し取り上げます。家庭の協力を得ながら、自分のいのちのルーツを確認し、自分への家族の愛や思いを知り、生きていることへの安心や喜びを感じられるような学習をめざしているのです。

特に大事にしてきたのは、四年生の「わたしたちのたんじょう」の学習です。思春期の入り口に立ち、自分の性にめざめる頃。自分のいのち・からだについて、真っすぐな知的好奇心で学習できる四年生は、「どうやって赤ちゃんができるのか」「どこからどうやって生まれるのか」という自分たちの疑問をグループで調べ学習し、そんな中で、確実にいのちを生み出す仕組みとしての「性交」も自然に受け止めているようです。

四年生の子どもたちが学習する前に、思春期を迎える子どもたちに親としてどう向き合ったらいいのか、子どもの質問にどう答えたらいいのかなどをテーマに、保護者の学習会も大切に続けてきました。このとき、授業で学習するビデオ（「弟たちの誕生」など）を保護者に見てもらい、感想や学校への要望などを出してもらっています。

## ❖――いのちの尊さを学ぶ

また、「わたしたちのたんじょう」の導入として、ここ数年、一月の体重測定時の保健指導の時間を使って、『おとなになれなかった弟たちに』（米倉斉加年著、偕成社刊）を読み聞かせています。

第二次世界大戦時、出征している父に代わり、祖母、一〇歳のぼく、乳飲み子の弟の生活を維持するために必死で働いている母。「これはヒロユキの大切な食べ物だから」と、子守をするぼくに託された弟のミルクを、空腹に耐えかねて、何度も飲んでしまった。弟はその後、栄養失調で死んでしまった。戦争のむごさを現しながら、弟の死を自分のせいだと苦しむ兄の物語です。

戦時中の貧しさや空腹のひどさについて、今の子どもたちには想像することも無理な話ですが、この物語の感想を出し合うと、おぼろげながら戦争のあった時代の子どもたちのことがわかってくるようです。以下は、子どもたちの感想をつなげたものです。

《弟は、生まれたばかりで死にました。
栄養失調で死にました。
楽しいことをしないまま、大人になれないで死にました。
とてもかわいそうでしかたがない。
何にも言葉を話せないヒロユキ、どんなにおなかがすいていたことか。

お兄ちゃんもかわいそう。
弟のために、たくさんやさしくしてあげたのに、
弟のミルクをのんでしまうほど、ひもじかったんだね。
あのミルクをのまなければ
弟は少しでも長く生きられたかもしれない。
　ひもじくって、がまんできなかった。
ヒロユキ、本当に　ごめんなさい。
お兄ちゃんが悪いと思うなら、きっと許してくれる。
だってお兄ちゃんはやさしくがんばったんだもの。
お母さんもかわいそう。
せっかく生んだのに、
自分より早く死んでしまうなんて。
なくなったヒロユキをおんぶするのは
どんなにつらかったことだろう。
　もっと生きてほしかったヒロユキ。
お父さんもヒロユキに会いたかっただろうに、

お父さんも元気な　ヒロユキを抱きたかっただろうに。
ヒロユキ、なんでこんな時に
生まれてしまったのか、
死なせたくなかった。
戦争がなかったらよかったのに、
　わたしたちは戦争を知らないけど、
戦争がなかったら、死ななかったのに。
　ぼくはひもじかったことと、
　弟の死は一生わすれません》

感想を出し合ったあと、「いのちとは」というテーマで一言ずつ書いてもらいました。
三クラス分のそれを、私が詩のようにまとめたものを、「いのちのたんじょう」の授業の
最初に読み上げて活用してもらいました。

《いのちとは、
　大切なもの、大事なもの

一番大切な宝物
生まれた時から、大切なもの
世界で一番大切だ。

いのちとは、
一つしかない宝物
一人に一つしかない宝物
親からもらった、世界で一番大切なもの

いのちとは、
うしないたくないもの
うしなったらおしまい
いのちとは、死んだらおしまいになってしまう。
いのちは大切、すてられない。
いのちをすてたら、みんなが悲しむ。

いのちとは、

生きていること
いのちとは、生きていくこと
いのちとは、家族、友達
いのちとは、人生のすべて
いのちとは、何より大切な心

いのちとは、
いのちがあるから自分がいる
いのちがあるから生きている

いのちとは、
家族に守られて生きている
育ててもらうから生きている
みんなに助けられて、生きている

いのちとは、
この世でもっとも大切なもの

お金では買えない、代わりがない

いのちとは、

一度きりの、私の宝物》

このような授業を通して、一人ひとりがどんな状況のなかにあっても、「あなたは大切な子なんだ」というメッセージを受け止めて、力強く生きることを選択してくれればと願って、性教育に取り組んできました。生まれてきたすべてのいのちが、宝物として大切にされる社会を願い、それと同時に、いのちを粗末にする戦争は絶対許してはならないという強い思いもこめて、この物語を取り上げてきました。

同じように五年生では、『ぼくのお姉さん』（丘修三著／偕成社）の中の一章「歯型」で、障害者や弱者への差別・いじめを取り上げ、六年生では「ぼくのお姉さん」（同）で家族や共生ついて学び、子どもと「人間のねうち」について考える学習をすすめてきました。

すべての子どもをあたたかく見守り、それぞれの個性を大切に生かしながらも、落ち着いた調和のある学校生活をつくり出すためにさがし出した教材です。

一九九六年から始まった一年生からの暴力と、わがままで突飛な行動をする子どもたちとの出会い、指導に毎日追い詰められながら、教職員が見つけ出した方法は、子どもたち一人ひとりをありのままに受け止め、大切にすることでした。そしてその精神は、生活指導や性教育の根幹をなすものでした。

「子どもの心の問題をどう指導するか」という課題は、これからもさらに追求されなければならない重いものですが、「からだと心の教育」カリキュラムを充実させながら、今後とも粘り強く実践を積み上げていくしかありません。

# 第III章　「子育てサークル」の誕生

## ❖――教育懇談会の定例化をめざして

お母さんたちとの教育懇談会は、定期的に開くために毎回、最後にみんなで次の予定をたてました。私たち教職員の方がなかなか都合がつかず、間があいてしまうことがありましたが、何とか二、三カ月おきに会を持つことができました。

せっかく足を踏み出したのですから、忙しさの中で自然消滅することだけは避けたい、そのためには、いつもこのことについて考えている人が必要です。さまざまな役割分担の中で、それは自然に私の役割として自覚していきました。

担任の先生は、自分のクラスのお母さんたちに声をかけて誘いました。私は、保健室によく来る子どものお母さんに声をかけていきました。毎日のように学校で起きる子どもの事件は、その場で子どもに指導をして終わることも多いのですが、相手にけがをさせたり、相手のものを壊したりすれば、保護者にもいっしょに考えてもらわなければなりません。学校からのそんな連絡が続くと、どんな親だって落ち込んでしまいます。

保健室には、元気をなくしたお母さんがよくたずねて来ました。そんなお母さんたちに、教育懇談会への参加を呼びかけました。

まだ無名の懇談会ですから、よく分からないからと、敬遠されても仕方がありません。

しかし、そこに誘われることは、「先生は、うちの子を問題児と思っているから」と、とらえるお母さんもいて、学校と家庭が力を合わせなければいけないのに、まだまだ大きな距離を感じました。断る人がいる一方で、喜んで参加してくださる方もいました。何回か参加する中で、友達を連れて参加したりして、徐々にメンバーが増えていきました。

### ❖――一平の暴力に悩むお母さんを支えて

学童保育の父母会の中で悩みを出していた一平のお母さんは、幼い弟を抱いて参加していました。学級ではいつも問題を起こし、その話になると涙があふれるお母さんです。懇談会には担任の久保先生も参加していました。

最近、同級生の気弱な男の子が、学校に行きたくないと言って、休み始めていましたが、そのことが耳に入ったお母さんは、また一平のせいではないかと気が気ではないのでした。

折から、全国各地で子どもによる凶悪な事件が相次ぎ、子育ての難しさをみんなが感じており、一平のお母さんの悩みに応えるように、「親子のコミニュケーション」「友達づくり」について話し合いました。

学級の子どもたちに悩んでいた一年の吉田先生が発言しました。

「乱暴な子は言葉が足りないように思う。『かして』と言えないで取ってしまう。『いやだ』と言うかわりに手が出る。でも、とてもさびしがりや。いっしょに遊んでほしいと思っている。明が縄跳びの縄をつないで電車ごっこをしてたとき、『だれか乗ってくれないかな』と言うので、『先生を乗せて』と言うと、『いいよ』と言って、とてもうれしそうに遊んだ。はじめから乱暴な子はいないと思うの」

参加者からも次々と発言がありました。

「学校から帰って来ると、まず、『しゅくだいは?』『おこられた?』と聞いてしまう」

「子どもが自分の弱点と思っていることを追及されるとむかつくようだ。自信がないから、ちょっと言われても、傷つくみたい」

「学校でも家庭でも塾でも、成績のことばかりガミガミ。『どこでも成績がつきまとうから、私も切れるよ』と言われてしまった」

と、中学生のお母さん。

「かわいいと思いながら、おこってばかりいる。そんな自分に腹が立ちながらも、前のことを持ち出してまたおこる。子どもを追い詰めているようで心配」

話し合いを聞きながら、準備会のときから参加していた地域に住んでいる中学校の先生が、中学生の気持ちを話してくださいました。

「生徒の言葉で言うと、〝マジキレ五秒前〟(ＭＫ５)。マジで、切れる五秒前ということ。

でも、切れそうな自分を冷静に見ているもう一人の自分がいる。決して自分を〝よし〟とは思っていない。叱ればよくなると思っている大人が多いが、なぜ悪いのか、教えなくては。親や教師にSOSを出している子どもの気持ちを分かってあげること。切れる直前に大人が引くことも大切。子どもはなかなかしゃべらないけれど、しゃべらない子の言葉は重い。『どうしたいの?』と聞いて、待ってやる。子どもに悩む時間を与えること。

子どもはさびしがりや。わかってほしいと思っている。『先生、聞いてる?』って必ず聞く。自分を認めてもらうことには敏感。差別やひいきは絶対いや。親が忙しいと不安定になるのは、中学生も同じ。親の状態を言葉でちゃんと話して、子どもにも納得してもらうことが大事。忙しいときは子どもの手も借りて。教師や親の権威で叱っても子どもには通じない」

さまざまな問題行動は、子どもたちの大人へのSOS。子どもたちは自分を認めてもらいたくて、自分の気持ちを聞いてほしくて、大人に見えるように問題行動を起こしているのだということでした。そして、これ以上、子どもたちを犯罪者にしたくないという先生の言葉は、参加者みんなの共通の願いでもありました。

小学校でも、子どもたちの行動は、自分にもっと注目してほしいという気持ちの現れと感じています。中学生もそうなんだと納得しました。忙しくても、子どもの気持ちにしっかり向き合うことが大切だということを、改めて教えられたのです。

## ❖──お母さんたちから出された子育ての悩み

教育懇談会の話し合いのテーマは、その日の参加者が話したいと思っている内容によって決めます。はじめの頃からいまも続けていますが、会のはじめに「自己紹介」と「いま悩んでいること」などを出してもらい、その中から、共通のテーマになりそうなことを取り上げるようにしています。このときの共通のテーマのつかみ方、リードの仕方で、「来てよかったな」と思えるかどうかがきまります。結構この舵《かじ》取りが大事なのです。

たった二時間の会ですが、参加してくれた一人ひとりが、来てよかったという満足感を持って帰ってくれることが願いです。大切な土曜日の午後を参加してくれたのですから。話し合いが深まったり、盛り上がった日は会場の外に出て暗くなるまで続きを立ち話していいるお母さんたち。いまでは、例会と例会の間にも、会いたくてたまらないとか。そんなお母さんたちを見るたび、教育懇談会を続けてきてよかったなと思います。

これまでテーマに取り上げたお母さんたちの悩みを拾ってみると、

■乱暴なふるまいに悩んでいる。子どもを怒ってばかりいるから、親子関係もうまくいかない。どこから変えていけばいいか。

■学校に行きたくないと言う。毎日「早くしなさい」と叱ってばかり。子どもは何とか学校には行っているが、このままでいいのか。

■一人っ子なので、目が届きすぎてあれこれ指示しすぎてしまう。自分で考える力が育たないのではないか。

■友達が上手につくれない。いっしょに遊ぼうって言えない。いつも一人でポツンとしているのを見るのがつらい。

■六年の子があゆみ（通知表）が下がって泣いた。失敗を恐れるわが子。親や教師が子どもを追い込む見えないメッセージ（いい成績を取る子がいい子）とは…。

■大阪・堺市の荒れる学級のテレビを見て、ほかのクラスの先生がサポートに入っていたが、だっこしたり、話を聞いてやると落ち着いていた。また、勉強が分かると落ち着いた。荒れるということは、もっと僕を大事にしての訴えではないか。

■弟をぼくよりかわいがってるという兄。兄弟同じように育てたつもりなのに、どうしてこうも違うの。

■親って、子どもの人格をつくってしまう。自分は母親にあまりかわいがってもらえなかった。その分、子どもには精いっぱいしてあげたい。自分の親との関係、母親はこうありたいという思いを聞きたい。

■短い時間にどんな親子の会話をしたらいいか。家族の関係を楽しむには…。

■思春期の子どもたちの気持ちと親の在り方（近くの中学校の先生をお呼びして、話を聞きました）。

■チック症状や爪噛みをどう考えたらいいか。

■学習の進み方についていけないみたい。宿題も、先生は五分ぐらいでできるというが、とてもできない。親子で落ち込む……

など、ずいぶんいろいろな話題について話し合ってきたことが分かります。テーマによっては、何回か連続して取り上げ、そのたびにお母さんたちの考え方が進歩していることを感じました。

「共働きで短い時間しか親子の付き合いができないので、家にいるときはいつも側において会話するなど、親子と感じられる時間を大事にしてきた」

「寝る前にはできるだけ本を読んでやって、豊かなイメージをそだててやりたい」

など、いま大事なのは、親が「わが家の子育ての柱」となるものをしっかりと持つことではないかということも話し合われました。

このような話し合いを通じて、わが子の子育てを視野を広げた目で見直し、親としての自分自身を冷静に見つめ直している様子。そんな中で、みんなも同じことを悩んでいることが分かったり、自分のやり方でよかったんだという自信を持つことができたり。

子育てを楽しむ、子どもとの付き合いを楽しむという立場から、自分の子育てを見直してみると、親としての思いが強すぎて子どもに無理強いをしていたり、逆に、いい親になろうとして、言うべきことも言わず、子どもの言いなりになっていたりしている自分の子育てが見えてくるのでした。

自分を振り返って見えてきたことが、次の会の発言の中に生きています。そんなお母さんたちの変化を感じることができました。

### ❖――教育懇談会から「子育てサークル」へ

教育懇談会は当初、組合が呼びかけたものでしたが、参加するお母さんたちにとっては、呼びかけ人が組合であることなどは問題ではなく、いま困っている子どもの問題をじかに教師と話し合える場ができたということで喜んでもらえたと思います。

しかし、中心になっていたメンバーが他校に異動したりして、教員の仲間が私だけになってしまい、その上、組合がかかわっているというだけで、会場として学校を借りられず、毎回近くにある住区センターを申し込みに行かねばなりません。これが、簡単なことのようだけれど、私にとって大きな負担となっていました。五時までの申し込みになかなか行けないのです。そんなわけで二カ月に一回となり、三カ月に一回となり、私の都合で開けないことが続くと、心が重くなり、何とかいい方法はないものかと考えていました。

回数も重ね、いつも参加するお母さんたちを中心に、これからも続けていけそうな見通しが持てるようになっていましたので、「学校開放団体に登録できる組織に改めて、出発し直さないか」と、呼びかけてみました。「学校開放団体」は、教育委員会に登録すれば、学校を会場に使わせてもらえます。その代わり、お母さんたちが主体になり、責任者を決め、名簿や規約を作り、年間活動計画を立てて教育委員会に報告する義務があります。

これまでは、全部私たち教員が会のお膳立てをして、お母さんたちは参加するだけという、いわば受け身の参加であったものを、これからはお母さんたちが主体的に会を運営していくことになるわけです。

はじめはちゅうちょしていたお母さんたちも、数回話し合ううちに納得してくれました。会の名前を「子育てサークル」とし、責任者には準備会からの参加者である大山さんを選び、簡単な規約、年間計画を立てて、教育委員会に報告しました。この時点で、足掛け三年続けてきた教育懇談会は解散しました。

新たに発足した子育てサークルは、毎月第三土曜日の二時から四時まで、学校の会議室

カッとしてメチャクチャ
怒った登校前
「いいすぎた」一人で開く
反省会
いつもより明るい声で
お出迎え
「ごめんね」と言いそびれて
寝顔見る
明日からやさしい母に
なるからね
作・新米ママ

『子育てサークル」の案内にのせた参加者が作った子育て川柳

を借りられることになりました（現在は第2土曜日）。

　それからすでに三年、ほとんど休むことなく毎月例会が続けられてきました。教育懇談会時代からほとんど出席している岩村さんは、

「あのころ、先生も親も、子どもの問題が切実だった。そして、学校が親と歩み寄るための取り組みが積極的だったと感じていた。お互いどうしたらよいか、本当に求め合っていた。求め合って積み上げてきたものをこれからもたやさずにつづけていきたい」

　と、語っています。また本多さんは、

「この会は休みたくない。自分のことをもっともっと聞いてもらいたいと思う。みんなの話も、もっともっと聞きたいと思う。この会はまるで、麻薬だね」

　と、言って笑いました。人の話を聞くことで、みんな同じことで悩んでいるんだなと安心したり、自分が見えてくるとも言います。人の話を自分と重ね合わせて真剣

に聞いているのでしょう。それだけ話される内容が切実で、身近なのだと思います。聞いて考えているうちに、今度は自分のことを話さずにはいられなくなるようです。何回か続けて自分のことを聞いてもらうと、少し気持ちの整理ができてゆとりが生まれます。すると今度は、自分の友達を誘って来ようと思うのです。そんなふうにして、仲間がだんだんに増えていきました。

### ❖――誰もがしゃべりたくなる例会の場

昨年の三月、地域の母親集会で私が子育てサークルを紹介し、参加したメンバーがそれぞれ自分と子育てサークルについて発言してくれました。そこに参加していた他校のお母さんが、

「学校が違うけど、私も参加していいですか」

「どうぞ、どうぞ」

と言うと、さっそく四月の例会から参加して、もうすっかり仲間になって、いっぱい発言しています。

発足当初から会の中心的な役割を担ってきた二人のお母さんが、自分たちにとっての「子育てサークル」について、こんなふうに語り合ってくれました。

「自分を正直に出しても否定されない場なんて、そうはないよね」

「ほんと。強制されなくてもしゃべりたくなる雰囲気があるよね」

「自分の子ども時代のつらかったことなんか、素直に出せる場はこれまでなかったよ」

「人の話を聞いて、自分を振り返ることができるって、大事なことだよね。それができるお母さんたちだから、表面的でない、本当の話し合いができるんだと思うよ」

「この会は、自分を出してくれる先生がいるから、ホッする」

「何回も継続して参加して、ここなら安心して話せる、信頼できる場を見つけたっていう感じなんだね」

「Hさんなんか、きっと自分のサークルっていう感じじゃないかな。会を重ねるたびに、変わってきているのがわかるよね」

「それにNさんの子育て、新鮮だったね。仕事をしながら、自分流の子育てを十分に楽しんでいて。『子育てがつらいなんて、悲しいじゃない』とか、子どもの自立を見通しながらの家族の営みは勉強になったわ」

「私も中学生の娘の悩みに付き合って、寝ずに話した。親として学校にも話しに行ったのよ。先生がしっかり聞いてくれて、いまやっと娘もやる気を取り戻してくれて、ホッとした。子どもが厳しいときは親も厳しいけど、子どものためにどうしたらいいか真剣になってぶつかっていくことが大事だっていうことを、感じている」

子育てサークルは、親としての自分、人としての自分を見つめる大切な場になっているようでした。

私も教師という立場を離れて、一人の人間としての裸のつき合いをしているという信頼感がいっそう強まる思いでした。

### ❖――田中農園で親子連れのバーベキュー

会員の交流ばかりでなく、子どもや父親も含めた子育てサークルとしての親子行事もやりたいなと思いつつ、お互い忙しくて具体化には至っていませんでした。暮れには、レストランで子どもを交えて食事会をしたり、少し変化もつけてはみましたが、全体のものにはなりません。

ちょうど子育てサークルとして再出発したその頃、私は千葉県我孫子市に転居しました。そこで夫がたまたま家の近くに二一〇坪も畑を借りて、野菜作りを始めたのです。何しろ広い畑で、家庭菜園というよりは、まさに〝農園〟と呼びたいほどです。それにやったこともない畑仕事ですから、はじめは手探りで、地主さんに種のまき方や草取りのことなど一から一〇まで教えていただいてその通りに実行していましたが、どんな成果が出るかは

わが家の畑でオクラを収穫する子どもたち。

分かりませんでした。

ところが、六月頃から、トマトやナス、キュウリ、カボチャ、ピーマンなどがどんどん取れるようになりました。土地がよく手入れされていたのでしょう。取っても取っても、次から次から実ります。新鮮な野菜は無駄にはできませんし、わが家だけでは食べきれません。近所の方たちにわけてもまだあまります。そこで、朝の満員電車でリュックに詰めた野菜を職場に運ぶことにしました。職場ではみんな大喜びでもらってくれました。

そんなわけで、例会のとき、「夏休みに畑に来ませんか」と誘ってみました。みんなとても喜んでくれ、さっそく「夏休みのお楽しみ遠足」として企画し、親子総勢二四人の参加で実行することができました。

地主さんのご好意で、広い庭や水道、トイレ、

とれたてのトマトにかぶりつくお母さん。向かって左が筆者。

大きな鉄板やガスなど、必要なもののほとんどすべてをお借りすることができ、奥さまはじめ、地主さんご一家総出の応援もあって、夏休み最後の日曜日は取れたて野菜で、大にぎわいのバーベキューが楽しめたのでした。

この経験は毎年引き継がれ、今年は三回目になります。子どもたちからの「おいしかったよ。ありがとう、またお願いします」の手紙は地主さんにはとてもうれしいものだったらしく、お世話をかけることの方が多いのに、「毎年やろう。またぜひ来てください」と声をかけてくださいます。本当にありがたいことです

いままでは、子育てサークルの子どもたちが中学生を中心に、六月のイチゴ狩りをはじめ、種まき、苗植えや草取りなどにも畑に来て楽しんだり、秋には取れたてのサツマイモでスイートポテトをつ

くって楽しんでいます。子どもたちや親たちの喜ぶ顔がうれしくて、夫の畑づくりはいっそう精が出るようです。

私たちにとっても、思いがけない喜びをもたらしてくれた転居でした。

### ❖——反抗的になった息子に悩むお母さん

教育懇談会・子育てサークルを続けてくる中で、いくつもの親子のドラマが見られました。一回目と二回目に参加してくれた山木さんが、一〇回目の例会に久しぶりに参加してくれました。

色白の正は、自分の病気やけがで保健室に来たことはありません。教室でも暴力や落ち着きのなさとは無縁で、学習面での問題はないのですが、体育や外で遊ぶときにおかしさが目立ちます。砂遊びは「よごれるから」と砂には触ろうとしないし、友達と大きな声を出して笑ったり、遊びたわむれるような場面が見られず、担任としてはとても気になっていたので、教育懇談会に誘ったようです。

おなかにいるときから「早期英才教育を」と、盛んに騒がれていた頃だったので、もっぱら母子で英才教育を夢見て、幼児期からスイミングや英語塾に通ってきました。たまには公園の砂場に連れて行ったこともありましたが、砂をかけられたり、おもちゃを取られたりしたため、母親の方から公園に連れて行くのもやめてしまったそうです。

「いまになって、同じ年代の子と楽しく遊べないわが子のおかしさに気が付いています。そんなとき、担任の先生から教育懇談会を紹介してもらったんです」

山木さんはその後、正が三年生になってから仕事に出るようになり、会への参加は遠のいていました。ところが、正が四年生になった九月、第一〇回例会に「今日こそは」という感じで参加して子どものことを話してくれました。

「このままでは、中学になったら親の力では抑えられなくなるのではないか心配で。親が手を出してまで子どもを抑えた方がいいのか、教えてほしい。私の理想像と違ってしまい、もう子どもがいやになってしまった」

と言うのです。参加者みんなで事情をじっくり聞いてみると、

――正は公園で、買ってもらったばかりのゲームボーイで遊んでいました。そこにボール遊びをしていた子のボールが飛んで来て、ゲームボーイが壊れてしまったのです。怒った正は、ボール遊びをしていた子をつかまえ、相手の足先を何回も強く蹴ったため、相手は足がはれて血が出てしまいました。

さすがに悪いことをしてしまったと思ったのでしょう。家に帰っても正はそのことを親には黙っていたのです。病院に行ってきた相手の親から電話がかかってきて事情を知った

山木さんは、強く子どもを叱り、相手の子の家に連れて行き、いっしょに謝りました。しかし、ゲームボーイを壊されて悔しかった子どもの気持ちを聞いてやることはなかったようでした。

それ以来、子どもは反抗的になってしまいました。たとえば、汚れた靴下は置き場所に置くとか、机のかたづけなどの家庭のさまざまなルールも破るようになり、注意すると、「お母さんがこういう子に育てたんじゃないか」と言い返す。入学したばかりの頃、友達とうまく遊べずいじわるされていたため、「やられたらやりかえせ」と教えてきたが、それ以来、不利になったときは暴力を振るうようになったと思う、と。

母は子どもをガミガミと叱り、子どもの反抗的な態度はエスカレート、母子関係はどんどん悪化しているのだと言います。

「いままでいい子だと思っていたのに…」

と、山木さんは心から悔しそうでした。

その話を聞いていた私は、

「よかったじゃない。いい子の殻をやっと破ろうとしてるんだよ。これからが、自分で考えて自分らしく生きて行くスタートになるんだと思うよ」

お母さんとの葛藤に負けないでと、心の中で子どもにエールを送りながら発言しました。

そして、

「お母さん、子どもを自立させるためには、あなた自身が乗り越えなければならない山を、いま息子があなたに教えてくれているのよ」

と、お母さんにもエールを送りました。そして、悩んだときに教育懇談会を思い出して来てくれたことに感謝せずにはいられませんでした。

### ❖——「子どもとのつき合い方」を語り合う

子どもが自立していく過程で、避けては通れない親子の葛藤の場面について、参加者も真剣に考えています。

「大事なゲームを壊されてしまった悔しさを分かってほしかったんじゃない」

「悔しかった気持ちを聞いてもくれないで、けがをさせたことばかりいうお母さんに反発しているのよ。叱るだけじゃなくて、子どもの言い分をきちんと聞いてやることが大事じゃない」

「子どもとの関係をとりもどすには、まずお母さんが、正くんの事情も聞かずにいてごめんねって謝った方がいいよ。自分だって悪いことをしたと思っているからこそ、お母さんにすぐには話せなかったんだもの。大人だって失敗もする。まして子どもは失敗をして、その中から学んで成長していくのよ」

「相手を傷つけたことについて、子どもが納得して自分から謝ることができるように導いてやれるといいね」

などの意見が出されました。友達にけがをさせてしまったときのような、大事なことは黙っていてはいけないとしっかり教えたいし、大事なことは親には話さなくては、と考える、子どもと親との信頼関係をつくることの大切さについて、指摘する人もいました。

約二カ月後に開かれた一一回目の会で、山木さんの後日談が披露されました。

「子どもに謝った方がいいと言われたことはショックだった。だけど思い返してみると、子どもはその日、おねしょをしたんですよ。子どもも悩んでいたんだなと思いあたりました。あの会の後、直接謝る言葉はかけられなかったけど、二年生の妹に言えば兄にも伝わるだろうと考えて、一週間後に妹に、『母さん、反省しているんだ』と言ってみました。すると妹はすぐに伝えてくれたらしく、その後、兄の反抗的な態度はなくなってきたんです」

参加者が一つの問題について意見を交流しながら、解決の方向を見つけられるようになったことは大きな成果です。山木さんのことをきっかけに、参加者は、子どもとの付き合い方について話し合いました。

三人目の子育てで、はじめて「かわいい」と感じ、上の二人をもっと可愛がってやれば
よかったと悩んでいる相田さんは、

「子どもと付き合うことがつらいなんて、もったいない」

と、発言し、上の二人が反抗的なことに悩みながら、

「子どもは親の鏡、子育てはゆとりが大事よ」

と、しみじみと話しました。

また、年子の姉妹を育てながら働いている永井さんは、子どもが黙っているときは、

「どうして黙っているの？」

と、問い詰めるのではなく、

「あなたの気持ちが分からないから、ひと言でもいいから返してください」

と、親として必死に聞き取る努力をすること。悪いことをしたときも、子どもには子ど
もの思い（言い分）がある、子どもの気持ちをしっかり聞くこと。タイミングよく子ども
をほめることばを口に出して言う。親の言いたいこともしっかり伝える努力をすることも
大事ではないか、と話しました。

するとい、いつも控えめにしている浜田さんが、

「自分には言葉のレパートリーがない。どうしてそんなにぴたっとした言葉がタイミングよくかけられるの」

と、質問しました。すると永井さんは、読んだものや聞いたことの中から、子どもにかけたい言葉、自分にかけたい言葉などに出会ったときは、切り抜いたり、書きとめておくと答えました。忙しい日常の中で、二人の娘たちと永井さんが上手にコミュニケーションがとれていて、例会でいつも話に説得力があるのは、こんな努力をしているからなんだと、みんなで感心しました。

### ❖――イジメのターゲットにされた光次

三年の光次のお母さんは、一年のときから呼びかけていたのですが、三年になってからようやく参加してくれるようになりました。

お母さんによれば、

《一、二年の頃は教室では問題児と言われ、教室にいられないで保健室にばかり行っている。そんなわが子の現実を認めたくなかった。学校の先生の話には、いつも耳をふさいでいました》と。

三年になり、光次が学級の中に少しずつ入れるようになってきて、お母さんも気持ちにゆとりが生まれてきたのでしょう。「前から誘われていたので、来てみました」と、友達といっしょに参加してくれました。

光次は一年のときから、保健室とのかかわりが多く、いつも気にかけている子どもです。一、二年は、前述の一平と同級生で、一平を中心とした数人の男子の暴力のターゲットになり、ずいぶんとつらい思いをしてきました。口が達者で理屈っぽいところが、一平たちの気に障るらしく、一年の一学期からよくけんかをしていましたが、次第に「光次一人対一平ほか数人」といういじめの構図ができてきました。光次をばかにしたり、ちょっかいを出して光次を怒らせるのです。泣き叫び、物を振り上げたりしてあばれる光次の反応を、周りは楽しんでいるかのようでした。

一年の三月、怒った光次の反撃パンチで、一平の友達の下の前歯が一本取れてしまいました。抜けそうな乳歯だったので、ホッとしたのでしたが、そのとき、血だらけになった顔を見た子どもたちは、それ以来、

「光次はこわいやつ」

「何をするかわからないやつ」

という悪い印象を持ってしまったようです。さらに、一平はこのこと以来、

「おれの友達にひどいことをしてくれた」

とばかりに、光次に対するいじめをエスカレートさせていったのです。

光次は怒りを静めるために、保健室に来るようになりました。はじめは教室の前のトイレや廊下でうずくまっていたのですが、そんな光次を一度、私が保健室に連れて来たのです。それからは、怒りが静まらないとき、「少し時間がほしい」と言って、保健室のすみっこの床に座り、頭を両膝の間に挟むように抱え込んでじっとしているようになりました。

そんな光次と、一年のときはあまり話を交わすことはできませんでした。ただ、光次が落ち着くまでの時間を静かに見守っていました。担任はよくお母さんと話をしていましたが、学校に来るとお母さんは必ず保健室に寄って、苦しい気持ちを語っていかれました。

「家ではあんなにやさしい子が、どうして学校では暴力をふるうのでしょう?」

そのことがお母さんにとっては、納得できないのでした。

## ❖——母を気づかうけなげさ

二年になって担任が変わりましたが、いじめはいっそう激しくなってしまいました。保健日誌の記録には痛々しいまでの光次の言葉が書いてあります。特に、九月になってからは連日のようでした。

《俺は、自分を守るだけで精いっぱいなんだ。毎日が命がけなんだ。

もういや、教室に行きたくない。
先生がいないときは、こわくて教室へ行きたくない。
クラス全体がおれのこと、きらいみたいなんだ。
今日はやられる予感がする……》

朝登校すると、カバンをしょったまま保健室へ。先生が朝の職員打ち合わせを終わってから、保健室に寄っていっしょに教室へ連れて行ってくれました。

そのうち、教室に入る気持ちが萎えてきたのでしょうか、授業中保健室に来てしばらく休養した後も、「いいんだ」と言って、なかなか教室に戻らなくなりました。

いつからか、「ぼく、保健室の仕事に雇われたんだ」と自分から勝手に宣言して、鉛筆を削ったり、植物に水をやったり、具合の悪い子どもが来れば、すぐに体温計を渡してあげたりと、働き始めました。それでも、担任の先生が迎えに来ると、教室には行きました。学校はほとんど休みませんでした。

このころ光次はいつも帽子をかぶっていて、注意してもぬごうとしませんでした。いつも叩かれる頭を守っていたのでしょうか。

「毎日、これだけのつらいことがあるのに、よく頑張っているね」
と言うと、

「母さんに言うと、かわいそうなんだよ。心配しちゃってさ」

と言うのです。また、一二月のある日は、

「あーあ、今日もいやなはじまりだ」

と言って、保健室の入り口に寝転んでいます。

「帰ってから遊ぶ友達はいるけどサー、母さんには心配かけるから何も言わないよ」

「母さん、しらが多いんだ。だから心配かけられないんだ」

母さんに対する強い思い、自分が心配をかけていて申し訳ないという思いがあふれています。

放課後も、保健室からなかなか家に帰りません。「ここがいいんだ」と言って、保健室の仕事を手伝いたがるのでした。

二月の生活指導全体会で、光次とそのクラスのことについて、話し合いました。一平の暴力問題を抱え、担任はゆとりのない、緊張した毎日を送っていました。

自分はだめな子と思っている光次。勉強ができる、できないの物差しだけで見れば、光次はそれほどでないのは分かっています。しかし、だからといって、六、七歳の子どもたちが、自分と同じ仲間をどうしてこれほどまでに痛めつけることができるのでしょうか。

そしてまた、光次の大人への気遣い。良い子に振る舞い、つらい本音を出せないということは、どういうことなのでしょう。

かろうじて、保健室をさがしあててホッとした時間を過ごすことを覚えた光次に、私は、大人や友達との橋渡し役ができるかどうか模索しました。何よりも、慕っているお母さんと光次自身が理解し合うことが何より大切なことだと思いました。

### ❖――苦痛の授業に担任の粘り強い援助

そんなことを考えていた三月、一平のテストを見て笑ったことから、光次は一平にぶん殴られてしまいました。一平も、勉強では劣等感を持っていましたから、光次にまでばかにされたと思ったのでしょう。

「もうがまんできないよ。あのクラスいやだよ。いじめがあるんだよ。学校休みたいよ。母さんには言えない。心配するから。田中先生から手紙書いてよ」

と、私に要求しました。お母さんへのはじめてのＳＯＳでした。

お母さんには、電話で話しました。

「友達なんかいらない、僕はみんなに嫌われている、と言ってみたり、僕かわいい？　だれがいちばんかわいい？　と言って、あまえてきたり、最近とても不安定なんです。愛情を求めているんでしょうか？」

お母さんは、「お父さんと相談して考えてみます」と言ってくれました。すぐにはいじめはなくならないだろうが、お母さんにつらい気持ちを自分から話すことができれば、きっと新たな道が開けると思っていました。

翌日は欠席。お母さんの話では、お父さんが二泊三日でスキーに連れて行ってくれたとのこと、気分転換して元気を回復して帰って来てほしいと願いました。

二年生の三学期は、光次にとってさんざんな日々でしたが、学校としては三年生の学級編成で十分な配慮をして、光次を守ることを考えていました。また、一平に対する個別指導の体制も、日本語指導の先生を中心に考えられていきました。

三年になってから、いくぶん落ち着いた光次でしたが、新たな課題が待ち受けていました。いじめはなくなりましたが、学習課題に向き合えないのです。

多くの暴れん坊たちに共通しているのですが、勉強が分からないのです。ただでさえ「新幹線教育」といわれるほどのスピードで教科書が進んで行きますから、一、二年をほとんど勉強もせずに、わがままと自分勝手な遊びで過ごしてきてしまった子どもたちにとって、三年生の授業は苦痛そのものでした。光次にとっても同じでした。

ようやくいじめという暗く長いトンネルを抜けた光次は、粘り強い担任の先生の指導によって、だんだんに学習に身を入れられるようになってきました。そして、家庭でも光次を見守る目が変わってきました。それは、三年の二学期から教育懇談会に参加して来てくれたお母さんの口から語られて分かりました。

### ❖——明るくなったお母さんとその後の光次

山木さんが息子との葛藤を二回にわたって話してくれたときのことです。光次のお母さんは、山木さんが苦しみながらそこから学んでいることを知って、自らの子育てを振り返ったようでした。

「私は、自分の決めたスケジュールどおりに動いてくれないと許せない親でした。子どもの気持ちを考えているつもりでしたが、子どもを縛っていたんですね」

光次のお母さんが発言してくれたことは、参加者にとっても、共感することが多かったようです。「立派に子育てしなくちゃ」とばかりに、お母さんたちが身構えていると、つい口うるさくいろいろと指図をしてしまいがちです。子どもは、お母さんの前では、いい子にしていなくてはと、必要以上に緊張感を持ってしまい、失敗をおそれ、結果として自分で育つ力が萎えてしまいます。

親の役割は、子どもが育つのをゆったり見守ること、「子育てはゆとりよ」「子育てを楽しもうよ」というのが、教育懇談会でみんなが学んだキーワードなのでした。

教育懇談会はお母さん同士が自分をさらけだしながら、学習し合っているんだなということを改めて教えられました。本音を出すことは、よほどの信頼関係がなければできないものです。ましてや、自分の弱さをみんなの前に出すことはどんなに勇気がいったことでしょう。

お母さんは一皮むけたように明るく、元気になり、担任の先生とお母さんが笑いながら話している姿が見られます。お母さんの気持ちが楽になったようです。

光次も保健室にはたまにしか来なくなりました。たまに来ると、

「先生、げんき?」

なんて私を励ましてくれ、たまには肩をたたいてくれます。いま六年生、夏休みに保健室の大掃除をしてくれる人を募集したとき、光次は「ほとんどが女の子」という中に交じって一生懸命に働いてくれました。一、二年生の頃のようなつらい表情は全く見られません。

それにしても、小さいときから子どもに「自分はできない子、だめな子」と思わせる学校や社会はおかしいですね。この世に生まれてきたすべての命を、社会の宝物として大事に育てていくことを、改めて考え直さなくてはならないと思いました。

学校は、一から勉強を教えてくれるところです。早く分かる子が良くて、遅く分かる子が悪いわけはありません。どんな子も、学んで分かる喜びを享受する権利は平等です。

時間がかかる子には、時間をかけて「分かった」というまで教えてほしい。すべての子どもたちに、「分かった」というまで教えてやりたいと願う先生たちの気持ちとはおかまいなしに、新幹線のように進んで行かなくてはならない教科書。落ちこぼさないように、ていねいに見てやろうとすれば、教科書はやり残すしかない、矛盾に満ちた学校現場で子どもも先生も苦しんでいるのです。現場の苦しみを解決してくれる教育政策を強く望んでいる私です。

### ❖――しほのお母さんから届いた手紙

一年のとき、よく同級生の明に泣かされていた小柄なしほ。可愛らしく着飾って、髪の毛には大きなリボンがむすんでありました。

明にとって気になる存在だったのでしょう。しほをすぐたたきます。しほは泣きます。明は先生に叱られて、またしほの暴力へ。明は、しほと友達になりたくてちょっかいを出していたのでしょうか。

しほのお母さんは、担任の先生に誘われて例会に参加、皆の話し合っていることをよく聞き、自分の考えを発言してくれます。

三回目の会の後、どうしても書かずにいられなかったと言って、手紙を書いてくれました。

《先日の会はご苦労様でした。出席するたび、生きる力と子育てのパワーをもらって帰ります。当日の夜、先生のお話を思い返していたら、小さかった頃のある出来事を思い出し、ぜひ聞いてほしくなりました。

それは、しほが一歳前後のことだと思います。私はパートで働きに出ていました。はじめて社会に出て働き、仕事のおもしろさ、楽しさを知りました。パートの割にお給料もよく、五分でも一〇分でも長く会社にいたいほど好きな仕事で、夢中になっていました。その頃、しほは乳児のため、保育園では三時までしか預かってもらえずにいました。

ある日、いつものようにしほを連れて家に戻って、考えていました。仕事も楽しい、会社の友達との会話も楽しい、お給料もいい、なのに何でこんな早い時間に家にいるんだろう。そうだ、しほが小さいから私は自由に働けないんだ。しほがいなければ、思う存分に仕事ができるのに。全く…もう…。

そのとき、しほが私を呼びました。しほの顔を見て、目と目が合ったんです。ニコニコ笑っていたしほの顔がサーッとおびえた目に、顔になり、火がついたように泣きながら這ってきました。一瞬のできごとでした。そう、しほは私と目が合ったときに分かったんです。自分の存在すべてを拒否されたことを。

頭の中がグルグルしました。言葉も話せないこんな小さな子が、どうしてわかったの？何で？　どうして？…頭の中が真っ白になり、夢中でしほを抱っこして、「ごめんね、ごめんね」と謝っていました。

あのときしほは、私に抱っこされていても、いつもの安心感や満足感はなかったと思います。何があっても、私に抱っこされれば、危険から身を守れる絶対の安心感。そのときは自分に危害を負わせるものと、安全を保障されるところがいっしょだったんです。…あーあー何ていうことをしてしまったんだろう。どんなにつらい、寂しい、悲しい、この世の終りのような気持ちで泣いているんだろう。泣いても泣いても、抱っこされても、どうにもならない…。悲しかったです。後悔しても悔やみ切れない。しほは私を許してくれるのか？

こんなことがあって、この先育てていくことができるのか、泣きました。私もしほと同じ、絶望的に泣きました。

いまは七歳になり、言葉で話し合い、わかり合えます。あのとき、言葉も使わずあの子が泣いたのは、多分動物本能に近い何かを感じ取っていたのでは…と思います。この子があのときのことを覚えているとは思えませんが、本当にごめんなさい。しほのすべてを受け止められる母となるように、努力するからね、許してねと、あらためて寝顔にあやまりました。

まだまだ先の長い子育てです。初心に戻れるような会でのお話、とても楽しみにしています。次回もぜひさそってください》

## ❖――転校してもサークルへの参加は欠かさない

《自分が小さかった頃は「自分のことは自分で決めなさい」という母の方針で、なんでも自分で考えてやらなければならなかった。だから早く母になって、子どもを優しく育ててみたいと思っていた。

しほが学校へ上がってからは、この子にやってあげられることはなんでもしてあげたい、学校から帰ったら、「おかえりなさい」を言いたくて、仕事もやめた。母としていっしょにやってやれることが嬉しくて。しかし、「チュウーして」「ミカンむいて」と言って甘えてくるわが子をどこまで甘えさせていいのか。自分は人付き合いが苦手だが、子どもを育てるとき相談したいことがいっぱいある。皆の話を聞いていて、いろんなことが分かってうれしい》

と、教育懇談会に参加したばかりのころ、感想を話してくれたお母さんでした。

そのしほもすでに六年生。お母さんである本多さんは、ほとんどの例会に出席しています。三年のとき、しほは他校に転校したのですが、それ以降も本多さんは子育てサークルへの参加は欠かしません。「例会の日が待ち遠しくてたまらない」「もっともっと自分を聞いてほしい」と、いつも言っています。

「今年の夏休みは例会がなかったので、さみしくてHさんとTさんに電話をして会ってもらったのよ」

と言っていました。偶然、三人とも一人っ子の女の子のお母さんたちばかりだったので、とても楽しかったと言っていました。

子育ての話をしているとき、自分がこう育てられてつらかったから、自分の子どもに同じことはしたくないと思っていながら、結局は自分がやってもらってきたことをなぞってしまう、という話もよく出ます。

自分が小さい頃のつらかったことは、結構年を取っても胸の奥にしまってあるものです。そのことが、自分の子育てにどのように影響しているのか、お母さんたちの話を聞いていて、興味がわいてきます。

# 第Ⅳ章　保健室の子どもたち〈1〉

### ❖――教師たちの合意事項

一九九九年は、前年までの二年間のすさまじい保健室を体験してきただけに、開きなおってやるしかない、という気持ちで始まりました。

子どもたちの困難を共に考え、教育懇談会を担い、職場の核になってきた仲間たちがそれぞれ異動してしまい、不安でいっぱいでしたが、一方では、先生や親たちとやれることをやっていくしかないと考えていました。

この二年間の経験から教職員の間には共通の認識が生まれ、実践が進んでいました。問題行動を起こしたときは、子どもの言い分をしっかり聞くこと、やってはいけないことについては、じっくり話して聞かせること、子ども自身が大事にされていることを実感し、自分のいいところが分かるように、小さいことでもその子の頑張っていることを認め、励ましていくことなどをみんなで大事にしてきました。そのためには、みんなで子どもを見ていくことです。

担任だけでなく、専科や管理職、保健室、事務室や主事室、クラブや委員会、さらには、きょうだい班活動、登校班（集団登校の班）活動などの機会を通して、多くの教職員がその子どもにかかわり、プラスの声をかけてやること、それが積み重なっていけば、子どもが自信を持ち始めます。また、そのかかわりを交流することで、子どもが多面的に見えてくるのでした。

また、困難を抱えたときは一人で抱え込まず、みんなで対策を考えていくことが当たり前になってきていました。

しかし、新たに異動して来られた先生方にとっては、やはり驚きの連続だったようです。ルール違反を許せば、さらにそれを上回るわがままが始まると考えると、真剣にならざるを得ません。しかし、教師として指導を強めようとすればするほど、子どもたちの態度は悪くなるばかり。大声を出して制止しなければいけない場面も多く、声が出なくなってしまうこともしばしばでした。

「この子たちは心の病気ではないか」

「ルール違反をどこまで許したらいいのか、許せない自分を変えなくてはいけないのか」と苦しみながら、次第に子どもの行動を受け入れながらかかわるようになっていきました。

この頃、子どもたちはどんな願いや要求をもって保健室に来ていたのでしょうか。

# □甘えたい症候群の幸子と麻衣

## ❖——たった一人で夜を過ごす幸子

　四月、二年三組の来室が目立ちます。頭痛い、気持ち悪いと言って、毎日数人の子どもたちが来ていました。昨年の担任は休職に入った鈴木先生。今年は若い男の佐藤先生。

　幸子と麻衣は毎日必ずといっていいほど来ています。いっしょに来るのではなく、ほんの少し時間差がある。どちらかが「気持ちが悪い」「頭が痛い」と言って、保健室に行くと、すぐそのあとからもう一人が先生に同じように訴える。先生は、額に手を当てて、

「熱がないみたいだから、もう少し我慢しようね」

と説得して様子を見ているが、一〇分おきに訴えてくると、

「じゃ行っておいで、と言うしかなくて」

と、すまなさそうに言います。同じクラスからはこのほかにも、大介、勇やその他数人が、保健室に入れ替わりたち替わり来ています。

二年の一学期、担任の先生は毎日連絡帳に「きょうのひとこと」を書かせていました。ひらがなを自由に書けるようになった子どもたちが心に感じたことを言葉で表現する。その言葉を通して、親子のふれあいを深めてほしいと取り組んでいたのです。

そして、親が「連絡帳を読んだよ」という印を付けることが、宿題として出されてありました。しかし幸子の母親は一度もその印をつけてくれない。先生に見せるときの幸子の悲しそうな顔を見て、担任は母親に「連絡帳を見た印をつけて」と連絡をする。

やっと、ある日、「先生、見てみて!」と幸子が持ってきた連絡帳には、きちんと印が押してあります。それを先生に見てもらうときの嬉しそうな顔が素敵だったと、担任は教えてくれました。

五月のある日、

「お父さんとお母さんがけんかして、お父さんが二日帰ってこないの」

と言う。幸子はその日一日中、保健室の机にうつぶせて泣いていました。慰めの言葉も見つからず、背中をなでていっしょに座っていた私。

その後、両親が正式に離婚。お母さんは夜の仕事につきました。それからは、夜は、彼女はたった一人でお留守番です。お母さんは、幸子と夕御飯を食べ、お風呂にいっしょに入った後、九時に寝かせてから、一〇時にそーっと家を出て、夜の仕事に出かけていく。

そして朝の五時頃、そーっと帰ってくる。幸子は布団の中でお母さんの鍵を閉める音を聞き、開ける音を聞いて、ホッとしてまた眠るのだと言います。

「お母さんが五時頃、鍵を開ける音で目がさめるんだよ」

「お母さんが朝は起きられないから、自分で目玉焼きを作って食べる。お母さんの分も作ってやるんだよ」

と言って、クリクリした可愛い目をいっそう大きくして、嬉しそうに話してくれました。

朝起きたままの顔の幸子です。

「さっちゃん、顔洗おうよ」

「うん」

小さな紅葉のようにふっくらした手で顔を洗う幸子。この手で目玉焼きを作ってお母さんに食べさせてやっているなんて。

自分の話を聞いてほしくて保健室にくるのでしょう。

「頭がいたい」と言ってくるわりには、保健室ではとても明るくて元気。それで担任の先生は幸子に言い含めるのです。

「保健室に行ってもいいから、熱がなかったら戻ってくるんだよ」

その後も毎日のように保健室に来るのですが、自分で熱をはかり、

「三六度だ。熱がないから帰るね」
と言っては、素直に教室に帰る日が多くなりました。でもまた三〇分もすると保健室に来ます。毎日、そんな繰り返しでした。

### ❖――お母さんに上手に甘えられない麻衣

麻衣は無表情というよりは暗い感じで、笑顔を見せたことがありません。お母さんは化粧品メーカー勤務で管理職。二歳下の弟といっしょに保育園に預けて仕事を続けてきました。

入学前は仕事が遅くなることも多く、そんなときは二人を迎えに行って会社に連れ帰り、数時間休憩室で待たせておく。お父さんはトラックの長距離運転手。不規則な勤務の二人はどのくらい苦労して子どもたちを育ててきたのでしょう。ご両親の努力にもかかわらず子どもの心はとても寂しかったようです。そのことに気がついたご両親は、お母さんは管理職を降り、お父さんは朝の早い勤務に変えて、子どもたちと過ごせる時間の確保を大切に考え、子どもたちを優先する生活に切り替えていきました。

しかし麻衣は、学校では相変わらず暗い表情で、保健室通いを続けていました。
保健室では、「気持ち悪い」と低い声でひと言いうだけ。あとは、上目づかいにじっと私をみつめています。

「どこが気持ち悪いの？」

と、聞きながら、体を引き寄せてやろうとしても、体をこわ張らせています。弟は甘えじょうずなのに、姉は甘え下手。

「もっと甘えさせてやって」と、お母さんには何度も話してきており、家庭の努力によって、家では明るい表情で話ができるようになってきたとのこと。でもまだ学校では暗い表情で、友達を呼び捨てにしたり、命令口調なのであまり好かれないのです。

保健室に来たことを知らせるお手紙も、お母さんには見せたがらないとか。

「熱がないから教室に行ってみよう」

と、促したばかりなのに、三〇分もたたないうちにまた保健室に来てしまった二人が、保健室の隅にある二人の指定席となった場所で会話をしているのが聞こえました。幸子の声です。

「保健室に来るのが楽しくなっちゃったね」

その声に振り向くと、私の方を見てニッコリする麻衣と目が合いました。

「田中先生だいすき」

と、幸子が言うと、

「わたしも」

と、麻衣が小さな声でこたえる。

「うれしいな。でもね、いまは算数の時間なんだよ。佐藤先生がさびしがっているよ」

と言うと、二人は顔を見合わせて黙っています。

「どうして教室に行けないのかな」

二人が答えられるはずもない問いを、今日も私はしてしまいます。

麻衣の家では、両親が子ども中心の生活をつくり出そうと努力する中、授業参観などの折に、母親がよく保健室に寄って話していきました。六月末には、

「家では、とてもいい顔をするようになった」

と言っていました。そのとき、甘えることが上手にできない麻衣といっしょに読んでほしいと、『エイズのくすりはあい』という絵本（山本直英、水野都喜子著／あゆみ出版）をお母さんに渡しました。女の子をだっこしてあげるお母さんと、女の子のやさしい笑顔がすてきな絵本です。後日、その本の感想が届きました。

《とってもいい本をありがとうございました。子どもといっしょに読みました。私も毎日だっこして、いやがりながらもニヤニヤしています。自分なりに、弟にママを取られていると感じているようです。先日、友達が家に遊びに来たとき、様子を見ているとやは

り強くわがままな振る舞いをしていましたが、なんどか繰り返しているうちに慣れてくれることを願って、そのつど注意をしていきたいと思います。先生も大変かと思いますが、また何かあったら連絡をいただければと思います。塾はやめることにしました。算数のテストで五〇点満点をとってきてほめてやりました。ニヤリとしながらはにかんでいました》

最近、塾に入れたというお母さんに、

「塾よりお母さんがいっしょにかかわる時間をつくってやって」

と、お願いしました。それでやめたのでしょうか。麻衣はまだお母さんにも、自分の要求を言葉で上手に言えません。もっともっとお母さんに我がまま言ったり、甘えたりできる関係をつくる努力をしてほしいのです。

### ❖——幸子と麻衣が書いてくれた手紙

二人の保健室通いは続きました。担任は二人の机を一番前にして、できるだけ声かけができるように気を配っていました。どうして教室に居られないのでしょうか。保健室で見ている限り、体調は悪くなさそうだし、教室でみんなと同じにできるはず、との思いから、教室に二人を帰すことばかりを考えてしまいがちです。

「ねえ、このごろ毎日保健室に来ているよね。どんなふうに具合が悪いのか、書いてくれない？」

と言うと、

「いいよ」

と言って書いてくれました。幸子は書きました。

《あのね田中せんせい、いつもほけんしつにいってごめんなさい。ほけんしつにいったりゆうは、いつもおなかとかあたまとかきもちわるくなるから。でもほけんしつにくると、なんだかげんきになってくる。さんすうかんがえると、なんだかあたまがいたくなるから。こくごのべんきょうがなんだかおなかがいたくなる。あのね、さとうせんせいに「ねつがなかったらかえってくるから」ってゆった》

先生との約束を守って教室に帰っても、保健室にすぐまいもどってしまう幸子。足算をまだ指で数えている幸子にとって、算数や国語の授業はつらいのかもしれません。しかし、それ以上に、自分にしっかり向き合って、自分を聞いてくれる大人を求めているように感じます。

麻衣も書きました。

《田中先生へ。あのねわたしは、きょうしつできもちわるいときやあたまいたいときにほけんしつへくるのです。なんでかっていうと、わたしはさんすうがあんまりすきじゃないからです。さんすうのけいさんもんだいがにがてだからです。まえからくるから、ほけんしつのせんせいもこまっているから、こないようにしたいです》

保健室によく来ることを、私が喜んでいないことをちゃんと見抜いていました。

麻衣の学力は優れています。作文に「苦手」と書いている算数も良くできます。この頃、保健室登校している三年の男子がいたのですが、

「熱がないから、もう少し頑張ってみようよ」

と言う私を、麻衣はじっと見つめます。

「どうしてあの子は保健室にずっといてよくて、私はだめなの?」

という抗議の目は、大人の矛盾を鋭くついています。麻衣の考える通りなのです。何よりも子どもが保健室に来ることを望んでいるというのに…。熱がないから、体の調子が良さそうだからと、早く教室へ帰すことばかり考えている私でした。

「保健室にいていいよ」

と言ってやると、安心したようにケガの手当てを手伝おうとしたり、私の周りをついてまわっています。その姿に、いまの自分をそのまま受け入れてくれる大人を求めている切ない願いを感じます。

## ❖——保健室を必要としている子どもたち

二人の作文を読んで落ち込みました。幸子も麻衣も授業中からだがつらくて保健室に助けを求めてきたのです。それなのに、いくら忙しくてゆとりがないとはいえ、

「いつもきてごめんなさい」

「こないようにします」

という気持ちを抱かせるなんて。いつのまにかそんなふうに子どもを苦しめる保健室になっていたのでしょう。

作文を書いた後、めずらしく麻衣が一度も来なかった日がありました。その日は一日中、教室の廊下にうずくまり泣いていたといいます。保健室にはもう行ってはいけない、でも教室にはいられない…。麻衣の切なさが伝わってきました。

二学期はまた、ひんぱんに来るようになりました。学級では、

「なんで幸子と麻衣だけは保健室ばっかり。おれたちだってがまんしているのに」

という不満の声があがり、学級会を開いて話し合ったということを担任から聞きました。

その後、幸子は都営住宅が当たり、麻衣も新たな住まいに移ることになり、相次いで転校していきました。麻衣がお別れに来た日、お母さんの背中に隠れるようにしながら、ちょっ

とはにかんで笑った顔が思い出されます。

たくさんの子どもたちが次々に保健室にやって来て、対応しきれず、「どうしてまた来たの？」と、責めるような態度で子どもを苦しめてしまうことがありました。

この年から東京都では、校長が教職員を勤務評定する新たな人事考課制度が導入され、その面接で、「保健室だけで抱え込まないで担任とよく話し合ってすすめるように」と管理職に言われましたが、そんなことはとっくに実践しています。

保健室に来るように私が宣伝したわけではないのです。子どもがなぜ保健室に来るのかについて、もっと話し合ってほしい、子どもの声を聞いてほしいと願っているのに、管理職は保健室が甘やかしているからと考えているようです。

実際、ふだんのときに子どもたちの様子を見に保健室に管理職が来て、子どもの話を聞いてやっているということはめったにありません。それどころか、こんなこともありました。保健室登校の三年男子が、一〇時頃やっと登校して来て保健室に入ろうとしたとき、ちょうど通りかかった校長が、「いっしょに勉強しよう」と、ランドセルをしょったままの子どもを保健室の隣のランチルームに連れて行きました。

子どもや私には何の相談もありません。算数や国語を一二時頃まで教えて、

「今日はよく勉強したね」

と言って帰した後、しばらくその子は学校に来られなくなってしまったのです。教室に行きたいのに行かれない子どもが、やっとのことで登校し、保健室に入ろうとしたつらい気持ちに寄り添うことなく、「教室に行かれないのは心が弱いからだ」とばかりの乱暴な指導でした。

校長として、一人ひとりの子どもの状態や担任や養護教諭の取り組みを理解し信頼して、相談しながら進めていってほしいと抗議をしたものでした。

## □母親の前で固まる二年生の勇

### ❖――おれのおかあちゃん、こわいんだぜ

三人兄弟の真ん中で二年生の勇。幼稚園の頃から落ち着きがなく、何かと問題を起こし、そのたびに相手の家に謝りに行き、親からは厳しく叱られていました。入学してからは、奇声を上げて教室中を飛び回り、先生が追いかけると喜んでさらに逃げ回ります。

また、教室から外に飛び出してしまい、はじめのうちは手のあいている職員で捜し回り

ました。校舎の裏の草むらで夢中になって虫さがしをして、収穫があると満足そうに両手に虫を大事に持って、教室に戻って来ます。そして、授業中でもかまわず、捕まえてきた虫で遊んでいます。そんなことが何回か続くうち、教室を飛び出してもそれほど心配はしないようになりましたが。

虫さがしのように自分の好きなことには夢中になりますが、それを注意したり、叱ったりすると、突然パニック状態になり、蹴ったりかみついたりして暴れます。学校という集団での生活はとてもなじめないようでした。

五以上は数えられない勇にとって、教室での学習は苦痛だったのでしょう。先生に叱られて暴れている勇は、よく保健室に連れて来られました。体が小さくて軽い勇を、先生が抱きかかえてやって来ます。手を離すと、またどこかへすっ飛んで行ってしまうので、なだめすかし、手をつないで草むらを見に行ったこともあります。

お母さんが学校での様子を見に来ました。すると不思議なことに、固まったようにじっとして動きません。

「どうして教室に行かないの」

と、お母さんが聞いても、じっとお母さんの顔を見つめて、身じろぎもしません。

「教室に行こう」

と言うと、お母さんに手を引かれながら、教室に行きました。

お母さんが見ているときと、見ていないときの様子があまりにも違います。担任の先生といっしょにお母さんの話を聞きました。まだ若いお母さんは泣きながら、いろいろなことを話してくれました。

仕事をしながら、三人の子どもを保育園に預けて共働きを続けてきたお母さんの苦労は、わたし自身の過去でもありました。

お父さんは運送会社に勤めていて夜間勤務も多いため、子どもとの接触はほとんどなく、子育てを応援してくれる人がいなくて、一人で悩んでいること、ストレスがたまってしまうと、兄弟の中でも勇に一番ひどくいらだちをぶつけてしまう。自分の感情がおさまらないときは、勇をたたいてしまうこともある、と正直に話してくれました。

いつか保健室で勇が、

「おれのおかあちゃん、こわいんだぜ」

と、話していたことを思い出します。お母さんも、

「勇にはどうしてか、とてもこわい叱り方をしてしまう」

と、涙ながらに話してくれました。そして、

「暴力はふるわないようにします」

と、約束してくれました。

### ❖——勇を可愛がれないお母さんの涙

その後、お母さんは勇との関係をやり直すつもりで、仕事を一週間ほど休んで、公園で遊んだり、買い物に行ったり、勇とじっくり付き合いました。学校でも穏やかな日々もありましたが、その後また、勇の失敗を暴力で叱ってしまったお母さん、

「やっぱりだめです。私、勇を可愛がれない」

それは悲痛なお母さん自身のＳＯＳでした。

保健室で、再び担任といっしょにお母さんの話を聞きました。

「私、子どものころ、かわいがってもらったことがないんです」

「だから、どうやってかわいがってやったらいいか、わからないんです」

泣き崩れるお母さんでした。

お母さんが担任の先生や私に本音でつらいことを話してくれてからは、子どものいいところを認めるように学校と家庭で取り組むことで、勇の顔付きが変わってきました。お母さんに甘えるしぐさも自然になってきました。

三学期の終わりに開かれた保護者会では、はじめてお母さんたちの前で、勇のお母さん

はつらかった気持ちと、いま努力していることを話しました。もちろん担任の先生の励ましを受けて。

その後、クラスのお母さんたちは勇のお母さんに何かと声をかけて、励ましているようです。

勇は担任を大好きになり、甘えながら、少しずつ学習にも参加していきました。そして、お母さんは会うたびに、

「勇がかわいくなってきました」

と、笑顔が増えてきました。孤立した子育てが広がっていると言われていますが、現実の親子の苦しみを教えられました。

## □母に見捨てられた思いに揺れる大介

### ❖——今日も教室を脱走して来た大介

三年の大介。ふらーっと入ってくる。

「はらがいたい」

少し前までは保健室に来たわけを言いませんでした。去年までの子どもたちであふれていた保健室では、一人ひとりにゆっくり声をかけているゆとりはなく、毎日のように来室する彼に、

「大介はどうしたの？」

と声をかけ、そのことに対しての答えがなくても、保健室に来たという事実を受け止めるだけですませていたことも多かったのです。ほかにやることがいっぱいあり、かかわらねばならない子どもたちが次つぎとやって来ていた時期でした。必死で子どもたちをさばき、ときには大声で注意したりしていると、

「保健室はえがおだろ」

と、大介が大きな声で言うのです。はっとして、自分の引きつった顔や声を反省。

「おしゃべりやめて、こっちむいてよ」

「ねえねえ、こっちむいて」

と、何度言われたことでしょう。幼い子どもが母親に甘えるときのように、大介はいつもわたしの周りにくっついていたのでした。

今年は保健室に来る子どもたちが激減して、〝普通の保健室〟になってきました。学級

では相変わらずさまざまな事件が起こってはいますが、教室の中で解決されていることが多く、けがを伴うような事件で保健室がかかわることはずいぶん減りました。だから、保健室に来た子どもとのやりとりはゆっくりできているように思えます。保健室の役割としての、ていねいにかかわることが少しでもできていると感じられることがうれしいです。

「おなか、どのへんが痛いの?」

と言う私の問いかけにも答えず、丸い診察用のイスを手でグルグル回したり、腹這いになって乗り回したりして遊び始めます。

「おなかが痛い人は熱をはかって、ここに書いてくださいよ」

と呼びかけても知らん顔。

「どんなふうに痛いの?」

と近寄ると、

「いてえっていってんだろ」

と、すごみ、体に触らせようとしない。しばらくほうっておく。するとイスを離れて、私のそばに来て、

「なにしてんの?」

机の引き出しを開け、

「これなに?」
「これちょうだい」
が始まります。箱を開けたり、体重計に乗ったり、忙しく動き回っています。今日も教室から脱走してきたのでしょう。担任の先生の言うことも聞かず、教室でも散々やりたい放題やって、先生に注意され、教室に居られなくなって保健室に来た大介。「おなかがいたい」は口実なのです。

### ❖——授業についていけない悔しさ

一年生のときから気がつくといつも保健室に大介がいました。一、二年のときは、これまたクラスに居られない勇と二人、いつも保健室に来ては遊んでいたものでした。なんでも触りたがり、口に入れたがる、まだ本当に幼い大介でした。

このクラスからは、そのほかにも幸子や麻衣をはじめ、女の子が数人、いつも「頭がいたい」「おなかいたい」と言って、保健室の隅を占領していました。担任は、授業にできるだけ参加させるように仕向けているのですが、我慢できなくなると保健室に行くことを許すようにしていると言っていました。

二年の終りに家の都合で勇が転校し、三年でクラス替えがあって、中年の女の先生に替わりました。三年になってからは保健室に来る回数はぐっと減りました。担任の先生を慕っている様子が本当に嬉しい。でもみんなといっしょに学習に集中することはできないと、先生からも聞いていました。

最後まで課題をやれず、できないとすぐに投げてしまう大介、鉛筆を持つことを拒否しているように見えます。

社会や理科などはテストでもいい点をとれます。国語は、漢字が読めないからできないし嫌がります。算数は、むずかしいとはじめから投げているようです。笛は音楽が好きなのに、きちんとやらないからできません。なんとかやれるようにしてやりたいと先生も苦労していますが、課題に向かおうとせず、先生に注意されることが続くと、ふいっといなくなってしまう。保健室に来る前の教室での状態がだんだんつかめてきました。

一年のとき、何人もの子どもたちが教室から流れるように来ていたとき、みんなで本をすこしずつ読んでごらんと与えたことがありました。

「マルがついたところまできたら、次の人が読むんだよ」

と言って、四人が順番に読むのを聞いていたとき、つっかえつっかえ読む子が多い中で、大介はスラスラと、しかも情感を込めて読み、感性の豊かさを感じさせました。

しかし、からだが落ち着かないのです。授業中に保健室に来るときは、たいていクラスの中で居場所がなくなってしまったとき、自分だけができないことを思い知らされ、とても悔しい思いをしているときに違いありません。

## ❖──大介の授業参観に行く

二年のとき、授業参観でだれも見に来てくれない大介を不憫《ふびん》に思った担任は、授業が始まる前に彼といっしょに保健室にやって来て、

「今日の二時間目の算数の時間に見に来てくれませんか」

と誘ってくれました。たくさんの保護者たちでごった返すほどの授業参観日、親が仕事や都合で来られない子どもたちはじっと我慢しています。

「喜んで見せてもらうよ」

と答え、うきうきした気持ちで彼の算数の時間を見学しました。二桁の足算の導入の授業で、先生は簡単な足算を数題黒板に書きました。簡単ではあるが、繰り上がりが理解できていないと解けない問題です。

私が教室の後ろにいることを確認した上で、担任は大介を指しました。

「2たす9は11です」

「どうですか?」

「いいです！」

大介が後ろを振り向いて、ちょっとはにかみ笑い。

「よかったね」

と目がおでうなずいてやる。すると先生は、

「ではこの問題はどうかな？」

と言って、もう一問を指さす。そして、

「今日は大介が頑張っているから、もう一回あてていいかな？」

と、みんなの顔を見る。

「いいよ」

と、みんなの声。

「4たす8は12です」

と大介はしっかりと答える。そして後ろを振り向いてVサインを送ってくれました。保健室を長い時間あけておけないことを知っている担任が、大介の出番を授業のはじめの方で二回もつくってくれたわけでした。つい最近、

「勉強難しい？」

と聞いてみると、

「別に」

と言います。

「大介、国語得意だもんね。一年のとき、本読んでくれたけど、とってもじょうずだったもんね」

と話しました。そして、

「算数は今どんなことをやっているの？」

と聞きました。すると、

「割り算がむずかしい」

と言います。

「そうか、じゃすこし算数もやってみようよ。教えてあげるよ」

と言ってみました。その時間、保健室にはだれもいませんでしたので、割り算の問題をやってみました。２桁÷１桁で割り切れる問題、すなわち、掛け算九九ができていればできる問題を出してみました。すると、たどたどしいながらもできます。しかし、筆算でやるとき、答えをどの位置に書くかが分からない。また掛け算九九がしっかりしていなくて不安な様子。もっと声を大きくして練習すればマスターできるのに惜しいなという感じでした。

またしばらくして保健室に来たとき、

「割り算やれるね、いまだれもいないから」

と言って、自分から勉強を催促してきました。私は心の中でしめしめと思いながら、

「よしやろう」

「先生、問題出して」

いまも時どき算数を頑張っている大介です。

みんなの前で自分が勉強できないことが暴露されることが怖い大介。

「いつまでも逃げていたら、ドンドン分からなくなってしまうよ、分からなくてもいいんだよ、分からない子が分かるようになるまで教えてくれるのが学校なんだから。分からないことがあったら、先生分からないよって言ってごらん。もっとゆっくり教えてって言ってごらん。きっと先生、分かるように教えてくれるよ」

そんなことを素直になっているときの大介の胸に届くようにそーっと語りかける私。

### ❖――家を出た母、新しい母

先日、年子の弟が保健室で傷の手当てをしていたとき、大介がいつものように入って来ました。家ではいつも兄弟げんかをしているのですが、学校では兄としてとても優しい。

「大介は勉強できないんだ。おれとねえちゃんは一〇〇点10回ぐらいとってるけど、大介は0回なんだ。50回一〇〇点とると、好きなもの買ってもらえるんだ」

弟はそのことを励みに、勉強を頑張っているようでした。しかし大介にとって、その約束は苦しみです。大介はまだ勉強をがんばる気持ちになれないんだもの。

大介の家庭の複雑さを私も全部分かっているわけではありません。担任や大介、二年の弟、五年の姉、子どもたちを育ててきた祖母の話などから、おおよそのことを知り、その中から、大介の心の状況をつかんでいるにすぎません。だから大介の心の中は、私が考えている以上に厳しい状況であるに違いないのです。

三人の子を残して、長女が一年生のとき、父親が家を出ました。残された母親は義理の祖父母と同居しながら、必死で働きました。下の弟は母が保育園に連れて行く。上から二番目の大介だけは、入学まであと半年だからと、それまで通っていた幼稚園をやめさせて、祖父母といっしょに家で待つことに。

祖父母はお店を二人でやっていて忙しい。大介のことを気にかけながらも、かかわりはそれほど強くできなかったのでしょう。朝早く母と出かける幼い弟を見ながら、大介は自分だけなぜ母といっしょに出かけられないのか、納得できなかったに違いありません。このとき、母に捨てられた思いを強く抱いたのではないでしょうか。

二年の終りに今度は母が家を出ました。子どもは三人とも置いたまま、「疲れました」との言葉を祖父母に残して。

母はまだ若かったのです。でもこれでよかったのでしょうか。いなくなった母への思慕は強く、自分を見捨てた母への不満を、まだ憎悪というには幼すぎるけれど、意識の奥に引きずっている大介は、

「どうせ俺なんか、死んだっていいんだ」

などと、投げやりな調子で口にすることがあるのです。

母が家を出てからまもなく、今度は父が若い女性を連れて戻ってきました。その彼女が妊娠、四人目の女の子が生まれました。父は戻ってきましたが、再婚した彼女は母親にはまだなれません。赤ちゃんと父親の三人の生活を狭い家の中で小さくなって見つめている子どもたちの気持ちはどうだったのでしょうか。

新しい母をまだ受け入れられないで〝おねえちゃん〟と言っている大介。でも薄汚れていた大介がだんだんあか抜けて綺麗になってきたところを見ると、次第に家庭が家庭らしく新たに生まれ変わろうとしているのでしょう。大介の気持ちが、どのような過程を経て人間への信頼を取り戻していくのか、見守るしかありません。

今年の九月三〇日、運動会の日、新しいお母さんと祖父母がそろって運動会を見に来て

くれました。大介も嬉しそうでした。

四年生のいま、担任の先生の根気強い取り組みと、新しいお母さんを中心にした家族の働きかけの成果が実って、授業に真剣に取り組む大介の姿があります。

### ❖――保健室はからだを休ませる「旅の宿」

先日、四年生の授業研究があり、大介は「お気に入りの本の紹介」の発表を友達と三人でチームを組み、紙芝居などを使って見事に見せてくれました。

「よくがんばったね」

と、ほめると、

「これがおれの実力じゃん」

と言って、得意そうに笑い返してくれました。最近はこっそり保健室に四つん這いになって忍び込み、仕事をしている机のそばまで来て、

「わっ」

と、私を驚かせて喜んでいます。そんな大介に聞いてみました。

「ねえ、教えてほしいんだけど。大介は毎日のように保健室に来るでしょう。大介にとって、保健室ってどういうところなの？」

「うーん、まずけがをしたとき、治してくれるでしょ。それから、やど、旅の宿みたい」

「旅の宿って、どういうこと」

「旅の宿はね、からだを休ませるところ」

「ふーん、大介はからだを休ませたいことがあるの」

「あるよ」

「どんなとき」

「おれ、勉強しないじゃん。だから、先生に怒られることがあるでしょ。怒られるといやな気持ちになるでしょ」

「ふーん、いやな気持ちで保健室に来るわけか。じゃ、保健室に来るといやな気持ちはどうなるの」

「すっからかんになる」

「えっ、いやな気持ちがすっからかんになるの」

「うん」

「保健室に来ると、どうしていやな気持ちがすっからかんになるの」

大介の目が輝いたように見えました。

「それは、田中先生の笑顔でしょ」

何より嬉しいひと言でした。

「ほんと？　大介にとって保健室ってそんなに大切なところなんだ。田中先生の笑顔が大事なんだね」

筋の通った会話ができたこともうれしくて、疲れが吹き飛ぶようでした。二年生のとき、私のいらだつ顔を見て、「保健室は、えがおだろ」と怒ったように強く言った大介を思い出しました。

「じゃ、おれ帰るよ」

大介は、入り口に隠してあったランドセルをしょって帰って行きました。

# □ちずるへのいじめがやめられないわけ

### ❖——ちずるの家庭でのがんばりを知って！

四年生の教室では、一学期から、ちずるを責める言動が目立ち、学級会で何度となく取り上げてきましたが、なかなか改善されないままでした。

ちずるは、一年生に入学したときから甘えん坊で、担任のそばにまとわりついていました。周りとの協調性に欠け、我を押し通すところがあるため、トラブルが絶えません。自分の思いが通らないと大声で泣きじゃくり、友達を追いかけ回したり、大騒ぎを引き起こすのでした。学級には他にも、衝動的に暴力をふるったり、落ち着きのない子どもたちが数人いましたから、教室はときに蜂の巣をつついたような騒ぎでした。

ちずるの家庭は事情があって、両親が別居、三人の子どもはお父さんが育てています。二歳下の妹、四歳下の弟がいて、長女であるちずるは、家族のなかではとてもしっかりしたお姉さん役をこなしているようです。

お父さんの話では、家では我がままを言わずに、妹や弟のめんどうを見てくれたり、せんたくや買い物、おふろの用意など、家事の中心になって頑張っているようです。近くにおばあちゃんがいて、よく行き来しているようなので、ちずるを十分受け止めてやってほしいとお願いをしました。

四年生にもなると、自分の感情をコントロールして我がままな態度は少なくなってきていましたが、我慢できなくなると、やはり大声で泣きわめいていました。そんなときは保健室で気持ちが静まるのを待っています。忘れ物が多いので、隣の子に借りなければなりませんが、それを嫌がられたりして泣くことも多かったようです。ちずるがそばを通ると、わざとらしく避けたり、意地悪を言う子がいます。

一〇月、毎日のようにちずるが泣き叫び、担任の先生だけでは対応ができず、何回も保健室で話を聞いたり、職員室で専科の先生たちと給食を食べたりして、かかわりを強めました。担任や生活指導部の先生たちと相談して、教室に行って私が話してみることにしました。みんなにちずるの家庭での頑張りを知ってほしかったのです。

その前にちずるに、

「お母さんが家にいないことを話してもいいか」

と聞きました。

「うん」

と、うなずいたのを確かめてから、ちずるを連れて教室へ行きました。

「先生に時間をいただいたから、聞いてほしい。きょうもちずるさんが泣いてたね。わがままを言ったから、男の子がたたいたっていうことだけど、みんなにちずるさんのことを分かって欲しくて」

と言って、みんなの顔を見渡しました。

「ちずるさんはね、お母さんが家にはいないのよ。みんなの家にはお母さんがいて、あなたたちのいろいろなことをやってくれるでしょう。困ったことがあれば、すぐに相談に乗ってもらえるでしょう。だけど、ちずるさんはお母さんがいない分、小さい妹や弟のめんどうを見てやっているのよ。お父さんにもお話を聞いたんだけど、家のことをとても頑張ってくれてるって言ってたよ。だから学校では少し甘えん坊だけど、みんなに分かってほしいんだ。ちずるさんは、これからは忘れ物をしないように頑張るし、泣かないように努力するから、いじめないでほしいの。先生からお願いします」

と、話しました。

### ❖——ちずるの泣き声にむかつく太の事情

学級会でも何回か議題にし、ちずるの努力も少しずつ見えるようになってきました。女の子たちは遊びに誘ったり、声をかけてくれる子が増えていきました。男子は何かにつけてちずるをからかったり、責めたりしていましたが、それもだんだん少なくなってきていました。しかし太だけは、相変わらず、ちずるを責め続けます。

「あいつを見ると、むかむかする」

と言って、口汚くののしったり、叩いたりします。あまりにひどいので、太の話を聞きました。

「どうして、ちずるさんがそんなに嫌なの」

「むかつく」

顔を歪めて、いかにも嫌いなんだという顔です。父親がいない太にとって、ちずるのわがままは我慢できないのではないかと、私は感じました。

「ちずるさんも頑張っているじゃない。あなたももう少し我慢して、見守ってやってほしいの」

すると、太はこう言ったのです。

「ちずるの泣き声を聞くと、妹を思い出していやだ」

「おれだって、お父さんがいないんだ。だのに、何でちずるだけが泣いていいのか」

ぼろぼろ泣いて訴える太の肩を抱いてやりました。

太のお母さんの話を聞きました。

「家では名前を呼び捨てにしていたので、男の子だと思っていました」

と言うお母さんの話にまずびっくり。家ではよくちずるの不満を言っていたので、遊び仲間かと思っていたようです。

太は五歳のとき、お父さんを亡くしています。そのとき、まだ生まれたばかりだった妹はお母さんの親元に預け、お母さんは太と二人で必死に看病をしたようです。そんな生活が三年続きました。

お父さんが亡くなってから妹を引き取り、三人暮らしが始まりました。お母さんとの生活に突然妹が加わったことは、太にとっては嬉しくないことでした。よく妹を泣かせたようです。すると必ずお母さんに叱られる。妹が来てからはお母さんは妹の方をかわいがっているように見えたのでしょう。

ちずるが教室で泣きわめいているのを聞くと、どうしても妹の泣き声とだぶってしまい、つい意地悪になってしまうのでした。

どうして太がしつこくちずるをいじめるのか、そのなぞが解けました。

いじめ、差別の問題を掘り下げていくと、さまざまな問題が見えてきますが、子どもの気持ちをしっかり聞いてやること、家庭を含む子どもを取り巻く状況をよく理解して、その中で子どもがどんな思いで生活しているのかをつかむことがとても大切であることを、改めて教えられました。

# 第Ⅴ章　保健室の子どもたち〈2〉

# □暴力がやまない四年生の孝雄

## ❖――学校では暴力、家では大きな甘えん坊

入学したとき、四年生に姉がいたので私のこともよく知っていたお母さんは、

「うちの子は幼稚園の頃から、乱暴な子だと言われてきたので、ご迷惑をかけると思いますがよろしく」

と、挨拶をされました。疲れが顔に出ていたように思います。

孝雄はからだが大きく、太っていていかにも力が強そう。一年のときから喧嘩さわぎにはいつも彼の名前があがっていました。

三年生の三月、クラスのみんなが外で遊んでいるとき、「入れて」と言えず、洋次の髪の毛を引っ張ったことから大ゲンカ。洋次は強く髪の毛を引っ張られて、髪の毛が抜けてしまったほどでした。両者が泣きながら保健室につれてこられたとき、二人が書いた作文です。

孝雄の作文――
《洋次がいつもいじめるから、いじめたくなるからいじめるのに、洋次がいつも何もしていないという。洋次が何もしていないわけないのに、たーちゃん（孝雄のこと）のせいにする。だからいじめる。口でいうだけなのにいつもぶつから、やだ。じぶんでたまにぶちたくなってぶつけど、でもいかってないときはかるくぶつけど、洋次はつよくぶつ。だからいらいらしてつよくぶつ》
ひらがなばかりのたどたどしい字で書いています。洋次のせいにしながら、自分がぶつことは正当化していることがわかります。
一方、洋次は――
《いつもぼくの名前をからかう。こないだ孝雄くんがぶって、やめろよといったら『ストレスカイショウ』といって、ぶってきた。僕が後ろを向いているとき、ぶってすぐ見えないところに隠れる。そういうところが一番いやだ。たまに自分がむかついて手がでちゃうこともある》
お互い自分の方に言い分があるとばかりに書いていますが、毎日のようにけんかとけがに悩まされて、担任の先生も保健室もお手上げ状態です。
四年生になって担任が女の先生に替わってから、いっそう暴力はエスカレート。何の原因も思い当たらないのに、友達をぶったり蹴ったり。標的になっている男の子が四、五人。向かっていく子もいるが、中には、殴られても無抵抗の子もいる。注意したり、止めようとすると、暴力はエスカレートする。もう担任の力では止められない状態です。

「今日も荒れています」という緊急の手紙が教室から届くと、保健室から私がとんで行ったり、手が離せないときはあいている先生や主事さんが教室に駆けつけ、孝雄を一階に連れて来ます。とにかく落ち着かせないことには。

孝雄が保健室にいる間に、担任が教室のみんなに気持ちを聞いてみると、

「ぶつからいや」

「やめてっていいたいけど、仕返しがこわい」

四年生には止められないほどの力なのです。大人だって、普通の制止ではきかないのですから。

両親が学校に来て、子どもの様子を見ていくようになりました。ところが、母親に向かって大声で、

「たーちゃんはけんかしないのになぜくるんだ」

と、よく抗議をしていました。

担任や管理職は、母親とは何度も話し合いをしてきました。

私もお母さんと保健室で話しました。

「孝雄くんとのふれあい、どんなふうにしているの?」

と聞くと、

「いっしょに寝ているし、お風呂にも入っている」

とのこと。そして、

「いっしょに寝てやらないよ」

というおどしが一番きくというのです。スキンシップは否定しませんが、大きなからだで暴力をふるう孝雄の現実とのギャップに驚きました。

### ❖――父親がかかわってくれる

九九年六月の生活指導全体会は、孝雄のことを中心に学習と対策が話し合われました。担任は、

「人間関係をつくりたいと思ってかかわろうとするのだろうが、それができないときに暴れる。暴力やルール違反は、教師としては見逃すことができない。ルール違反と受容は同時進行できない。どこまでレベルを下げればいいのか」

と、苦悩を打ち明けました。孝雄は学力的にも低く、自分の気持ちを言葉にする力が弱

いため、まだまだ手をかけて育てていかなければならない子どもです。学校としてこれといった解決策はありませんでしたが、ことが起きそうになったとき、いち早くほかの教職員に知らせ、応援に駆けつけること、そして孝雄と担任がじっくりかかわれる時間を保障すること、親とは引き続きかかわっていくことなどを確認しました。

この生活指導全体会で、一昨年一年生を一四年ぶりに持って大変だった担任は、

「一昨年は子どもへの要求が高かった」

と述べ、子どもたちの荒れた行動を何らかのサインと受け止め、子どもの願いを汲み取って、大人たちが変わっていくことが大事ではないかと語りました。

両親に何度か教室の様子を見てもらい、管理職を含めた話し合いを持つ中で、それまで自分の病気と仕事のことでいっぱいで、子どものことを母親一人にまかせっ放しにしてきたことを反省した孝雄の父親が、ようやく四年生の二学期から本格的にかかわってくれるようになりました。父親は、

《母親が孝雄を叱るのをじっと見ていた。すると、一時間ほどずっと感情的に子どもを怒鳴っているだけ。母親が相当疲れていることが見て取れた。母親のつらさ、苦しさに気づかず、まかせておいたのでは、母親が病気になってしまうだろうと感じた。これからは、自分が中心になって、子どもの問題の解決のために頑張らなくてはと思った》

と、しみじみと話してくれました。子どものことで学校に呼び出されたりすると、これまでは頭ごなしに怒ったり、殴ったりしてきた。それが父親としてのしつけと考えていた。また、「やられたらやり返せ」ということは常に言ってきたと言います。

父親は、まず日曜日は野球や魚釣りなどに子どもを誘い、子どもといっしょに自然の中で過ごす時間をつくるように努力しました。そのうち、孝雄の同級生を連れて、遊園地にも行くようになりました。

### ❖——やまない暴力、先生を殴る

しかし、孝雄の暴力はなかなか直りませんでした。一〇月には、クラスの男の子の首を締めたり、顔を壁に押しつけたり、殴る、蹴るでひどい暴力を振るい、翌日は学校に行きたくないと言って、一日休みました。

「今日も暴れています。先週から学校へ行きたくないと言っているそうです。様子を聞いてあげてください」

という担任のメモを持って保健室に。

「きのう、どうしたの?」

「頭痛いから、休んだ」

「学校にきたくないんだって？」

「うん」

「どうして？」

「……」

「お父さん、何て言ってた？」

「よわむしじゃんって」

「お母さんは？」

「お母さんには、きのう寝るとき話した。きょうから行くって、指切りした」

その後、ぽつぽつと話してくれたことは、自分が暴力を振るっていることではなく、

「先生が体育を中止にしたことがやだった」

「学芸会の大道具がつまんない」

「でも、学校に来ないと、友達と遊べないからつまんない」

などということでした。学芸会の前の特別時程で、いつもと体育の時間割が変わっていることが理解できないのでしょうか。担任は体育を中止したことはないと言います。孝雄は体育と図工が好きだから、その中で活躍できるように一生懸命気を配っているのに、と嘆いていました。

一〇月末、こんどは先生に暴力。興奮がおさまってきたときに話してくれたことは、次のようなことでした。

《帰りの会のとき、友達と話していたら、先生が「座りなさい」といった。座ろうとしたらだれか座っていたので、座らずに、ランドセルを取ってからと思って取りにいった。そしたら、「出てろ」っていわれた。でも僕は出なくて、席に座ろうとしたら、座らせてくれなかったからぶった》

後で先生に話すと、自分中心に脚色してあるようです。先生が座りなさいと言っても座らずに、今度はストーブの上に乗ったので、「危ない、壊れる」と注意したら、教室の前から出て行って、後ろから入ってきて腹いせに友達を殴った。また注意をすると、先生をぶってきたと言うのです。

### ❖――相談機関に行くことを勧める

お父さんとの話し合いの中で、わかったことがあります。

幼稚園のとき、おしっこを漏らしていじめられたとき、勇気を出せという意味で、「ぶっ飛ばしてやれ」と言って励ました。

おばあちゃんがとても過保護で、孝雄が行くと必ず千円くれる。欲しいものはすぐ買ってくれる。孝雄が移動教室でいなかったとき、心配で眠れなかったと言っていた。それほどかわいがり、甘やかしている。

お父さんは幼児期に両親が離婚したため、甘えさせ方が分からない。お母さんはとても潔癖できれいずき。たとえば、イスの位置がちょっとでも違うと注意する——というようなことでした。

教室での暴力がひんぱんになり、しかも担任や専科の先生に対する暴力もあり、お父さんはようやく、相談機関に行くことを承諾してくれ、いくつか私の方から紹介しました。

相談機関に行くことと同時に、家の中で努力してほしいこととして、私の方から、

「お母さんを支えてください」

とお願いすると、すかさずお父さんが、

「俺たちの子どもだろ。そんなに悪いわけないじゃないか、と励ましているんです」

と言います。そのほか、

・おばあちゃんにも協力してもらう。
・叱ることを減らし、いいところをほめる。じっくり聞いてやる。甘えさせてやる。
・家庭での役割を考えさせて、実行できるように援助する。

たとえば、自分の衣類の片付け、こずかい帳でお金の管理をするなどについても、「やっ

てみます」と言ってくださいました。また、風呂洗いは孝雄の仕事になっているので、これからも毎日頑張らせたいとのことでした。

その日、お父さんと相談して、ある相談所へ予約電話をしました。

### ❖――学力不足のいらだちを抱えて

そんな努力をしている最中の一二月、孝雄が学校を飛び出して家に帰ろうとした事件がありました。家に向かって飛び出そうとした孝雄を先生が連れて来ました。そのとき書いた作文です。
《どちぼうるをいれてほしくて、いれてと言ってたら、市田が本木だけいれて、けんかになった。大島がけってきて、かんけいないやつはあっちへいけといったら、はんげきされた。それで、あたまにきて、おもいっきり本木と大島のかみをひっぱった。それでみんな本木のみかたになったから、むかついた》
本人も友達に暴力を振るわないように頑張り始めていました。しかし、これまで暴力をふるわれ続けてきていた同級生にとっては、限界がきていたのでしょう。遊びの中でみんなで反撃したわけでした。
その騒ぎの中で、

「おまえ、頭が悪いから、暴力ふるうんだろ！」

と、誰かが言ったのです。最も痛いところをつかれたことで、切れてしまった孝雄。孝雄の学力はかなり厳しく、授業中どんなにつらいことか知れません。一年生のときから、授業を理解することは難しいのでした。

久しぶりにお母さんが保健室へ。

「夫が子どもにかかわってくれるようになり、わたしも肩の力が抜けました。夫婦関係もよくなりました。子どもは父親とお風呂にも入るようになり、なついてきました。家の仕事はふろそうじ、ふとんしきをやってくれています」

しかし、暴力は再びひんぱんになっていました。保健室で話したときも、

「暴力したいんだもん」

「ストレスカイショウ」

と言って、まるで反省の様子が見られないのでした。

孝雄にいつも暴力を受けている男子の親から、《このままでは転校を考えなければいけない》という手紙がきてしまいました。

お父さんは毎日のように仕事に行く前に教室を見て行かれました。

「家でも暴力をしたいから、と言うんです。なぜかと聞いても、わからないと言うんで

す」

と、本当に困った表情。孝雄のストレスは、勉強、スポーツが不得意、そして最近始まった友達からの反撃。

担任の話では、教室で座っていることが苦痛で、教室の中で孝雄のいる場所だけが、いらいらして異様だといいます。頑張りたい気持ちはあるのに、できない自分にいらだっているのでしょうか。

「お父さん、孝雄とボール投げをしてやってください」

せめて運動に自信をつけてやってほしいと願って、私はお父さんに話しました。

五年生になって新たな学級編成のもと、男の先生に変わってから、暴力が控えめになりましたが、苦手な算数の時間などには、保健室に来て、健康マンガを読んでいることが多く見られるようになりました。家庭科や図工、体育は大好きです。休み時間に友達といっしょに保健室に来ては、大きな声を出してふざけ合ったりしていました。それが、三、四年生のころ、暴力を受けていた子どもたちであったりして、子どもの心の柔軟さを感じたものです。

卒業間近の三学期、

「俺、九九まだ全部覚えていないんだ」

と話した孝雄の不安そうな顔が、目に焼きついています。

## □〝寂しさ〟が起こした問題行動

### ❖――ベッドから起きて来ない子

九月二二日の二〇分休み、秋の運動会が近づいていました。暑さと疲れでいつもよりたくさん子どもたちが出入りして、慌ただしかった保健室。休み時間が終わると、嵐が静まるように、子どもたちが教室へ帰って行きました。その流れと反対に、六年生の女の子が入って来ました。

「どうしたの」

「頭がいたいんです」

「それはいけないね」

と言いながら、体温計をはさみ、おでこや首を触ってみました。熱はないようです。それよりも、うつむき加減の表情がなにか不機嫌そうで、気になりました。あまり友達とはしゃぐ姿を見たこともない静かな子というイメージだったので、友達関係でいやなことでもあったのかなと思いながら、「保健室に来たわけ」を書いている佳子を観察しました。

「いつからなの？」

「きのうから……」

ゆうべ寝た時刻を一二時と書き、起きた時刻は七時半。朝食はパン。大忙しの朝が想像されました。

「遅く寝たんだね。なにをしていたの？」

「きのう頭がいたくて眠れなかったから…」

「何か心配なことがあったの？」

「ない…」

小さな声でうつむいたまま答えました。体温三六・二度。

「のど見せて」

のどは腫れていない。寝不足かもしれない。

「少しベッドで休んでみる？」

と聞くと、かすかにうなずきました。奥のベッドに寝かせると、しばらくして寝息が聞こえてきました。疲れているのだろう。しばらく様子をみよう。

四時間目が終わっても、まだ寝ています。

「佳子さん、給食よ。起きて」

と、声をかけたが、起きてきません。

「佳子さん」

と、からだをゆすっても起きません。担任が迎えに来てくれました。

「おーい給食だよ。起きて」

担任が何回も呼びかけ、体を揺すっても起きない佳子。そのとき、佳子のまぶたが揺れているように見えました。佳子は起きている。起きていて、担任の声を聞いている。でも、目をあけようとしない。何かがありそうでした。

「先生、わたしがここでいっしょに食べますので、給食を保健室に運んでください」

担任と目配せして、二人はベッドを離れました。

その後、友達が運んできてくれた給食を残さず食べた佳子。五時間目は教室にもどって行きました。

## ❖──母が訴えた重大な相談

一〇月、一一月にも、一回ずつ保健室に来ましたが、ベッドに休むことはなく、少しの休養で戻って行きました。

一二月二日、来室。

やはり二〇分休みが終わるころでした。うつむいていて、私と目が合いません。今回も頭が痛いと言うのでベッドに寝かせると、ほどなく寝息が聞こえてきました。ふだん保健室にはあまり来ない子どもですが、担任と起こしても目をあけなかったことが、気になっていました。

四時間目が終わってから、私と担任でこの前のように起こしましたが、一向に起きません。やはり今回もまぶたが微妙に揺れているのが見え、私は、佳子が意識的に目をあけないでいることを確信しました。何か目をそらしたいものがあるのではないか、いっそう気になります。

友達が給食を運んできてくれ、ベッドのそばに行って、

「佳子ちゃん、佳子ちゃん」

と声をかけると、佳子は目をあけました。

給食は保健室で私と二人で食べました。黙って食べ、私の質問にもうなずくだけで、言葉はありませんでした。この子の心に何が起こっているのだろう。何を訴えているのだろう。保健室に体を休めているだけではない何かを感じていました。

数日後に行われた個人面談で、母親が担任に重大なことを打ち明けました。佳子が何回も家族の財布からお金を取っている、それで、相談機関を紹介してほしいと頼まれたというのです。

担任は、

「相談機関については、養護教諭と相談してくださいと言っておいたからよろしく」

と言って、個人面談での母親の話の内容のあらましを教えてくれました。やはり重大なことが起きていたのでした。

私の方から連絡を取り、さっそくお母さんとお会いしました。

《お金のことはもう五回にもなります。はじめは私の財布からだったので、誰にも知らせず、私が子どもを叱り注意しました。その後、祖父の財布から取ったことがわかり、父親にも知られ、ひどく叱られました。それなのに、今度は父親の財布から二回も取り、そのたびに叱り、諭しました。これからどうなっていくのかと思うと、心配でならない。父親もまたかと言って、悲しそうにしていた。本人もまたやってしまうかも知れないと不安がっていて、どこかに相談に行きたいと言っている》

という話でした。思春期の問題を扱っている幾つかの機関を紹介したあと、お母さんからこれまでの子育ての苦労を聞きました。

「ずっと共働きで三人の子育てをしてきたのだから、大変なことが多かったのだと思う。長女である佳子は、きっと弟や妹をかばいながら、自分は我慢をしてきたに違いない」

私は、自分の子育てと重ね合わせながら、お母さんの話を聞いていました。

「手のかからない赤ちゃんだった。二歳半で弟、六歳のとき妹が生まれた。長女としてずっと手のかからない、聞き分けのよい子だった。でも妹が生まれたとき、幼稚園で描いた絵が真っ黒で、びっくり。姉を大事にしようと心がけてはきたが、やっぱり寂しかったんですね。いま家庭では、日曜日の朝食をつくってくれます。きのうは一日中気持ちがハイで、大声で笑ったりしていた」

ということでした。

寂しくてお金を取ってしまったんだね。甘えたかったんだね。お母さんが子どもの寂しさに気づいていることが伝わってきて、この子はもう大丈夫だと、私は思いました。お金を取ってしまったことを責めずに、子どもの寂しさに寄り添って、なんとかしてやりたいと思うお母さんがそばについているのですから。

## ❖――満たされなかった〝甘え〟を取り戻す

さっそく一二月一六日に専門機関へ。午後早退するのに理由を知られたくないからと、

「具合が悪いから、お母さんに迎えに来てもらう」

と、クラスのみんなに担任から言ってもらい、二人で出かけました。

はじめての面接で担当の先生は、

「甘えでしょう。自分を上手に表現できないのです。これからしばらく通って、自分を表現する訓練をしましょう」

と言われたと、お母さんから報告がありました。

毎月一回、お母さんが仕事を休んで二人で相談機関に通いました。

二回目の相談が終わったある日、お母さんが話に来てくれました。

「一回目で先生はあのことには触れず、『どんなことが好きなの?』って聞いてくれて、気に入ったようです。『ストレスを溜め込み、上手に解消できないのでしょう』と言われました。敏感で感じやすい子だったんだなって思えるようになりました。

佳子の気持ちが明るくなってきたのが分かります。相談機関でお医者さんに聞いてもらうことよりも、私が佳子のために仕事を休んでついて行くことがとてもうれしいようです。混んでいる電車を降りるとき、ふと気がつくと、佳子が私の手をしっかり握っているんですよ。こんなこと何年ぶりかな。私にとっても、娘にとってもすごく大切ないい時間なんです。こんな二人だけの時間が持ててよかったと思っているんですよ。帰りには、デパートでショッピングしたり、レストランでチョコレートパフェを食べたり。本当に楽しい。佳子がとてもおしゃべりで、うれしそうなんです。夫も、『どうだった？』って聞いてくれて、見守ってくれています」

目に涙をあふれさせながら、話してくれるお母さん。そして、

「私、前向きに考えるたちだから大丈夫です」

と言って、にっこり笑いました。

三月、卒業式。佳子は大きな声で、

「私は将来マンガ家になりたいと思います」

と、決意を述べて、卒業証書を受け取りました。顔をしっかりと前に向けて、晴れやかな表情でした。この貴重な体験は、佳子とお母さんにとって生涯忘れられない思い出になることでしょう。そして、佳子の人格形成にとって大切な体験として心に刻まれたに違いありません。

保健室で目をあけられなかった佳子。自分の弱さを見たくなかったのか、見たくないものがあると気づいてくれというＳＯＳであったのか。言葉では言えない子どもたちの心に寄り添ってやることがなにより大切であることを教えてくれた佳子でした。

# □大量の吐血・下血は受験勉強のストレス

## ❖――ボロボロになっていた勝のからだ

もうすぐ中学受験。そんな一二月、青い顔をして保健室に来た勝。三年生から塾へ通い、夜遅くまで勉強している勝は、保健室の常連でした。

寝不足のために、ベッドに寝かせると、すぐにぐっすり寝入ってしまいます。寝不足が体によくないことは、自分の体調を考えればすぐ分かることでしょうが、受験に成功しなければならない彼にとって生活を改善することはできないのでした。

「寝不足すると体がつらいでしょう。そのつらさを感じて頑張りなさい」

と言いたい言葉をぐっと飲み込んで、とにかく寝かせてやってきました。それがいいことかどうかはわからないけれど、中学受験に打ち勝つためには、未熟な体を酷使しても受験勉強に励まざるを得ない彼に同情してやることしかできないのです。

本当の気持ちは、小学校からの受験などやめて、自由な遊びを楽しみ、夜はぐっすりと眠りをむさぼることができるような本物の子ども時代を過ごしてほしいのです。親の期待や願いが強く、子どもだけではどうにもならない問題であることは分かっているのですが。

その日、勝の顔色はいつもより青く、おなかが痛いと言います。熱もあり、三七・二度。吐き気はないものの、何かいつもとちがう。トイレにも二回行き、そのたび軟便が出たと言います。

おなかの痛みが強まってきました。単なる寝不足や体調不良の程度ではない、重病感が感じられます。保護者に連絡をとって病院へ連れて行ってもらおうと考え、電話をしましたが、母親にも父親にもつながりません。急いで管理職に相談して、タクシーで病院へ連れて行きました。さっそくの血液検査で白血球が一万八千もあることが分かりました。

その夜、彼は大量の吐血と下血がありました。

その後、詳しく状況を聞き出す中で、一カ月も前に黒い便が出ていることに気がつき、母親にも言ったようです。しかし、母親は聞きのがしたらしく、覚えていませんでした。学校ではいつも眠いことばかりが訴えの中心でしたので、彼の体がこれほどぼろぼろになっていることにまで、気づいてやれませんでした。

母親は、

「この子のストレスは私です」

ほけんだより

'99. 1. 22 [redacted] ほけんしつ

NO. 27

NO. 3

たべもののとおり道《みち》は、
しってたでしょう。なんにんもの
先生《せんせい》から、「うんちくんって、たべものの
かすだけかとおもってたけど、ちがうんだね。」って
いわれたよ。そうだよね。だって、たべたものの
ほとんどは えいようぶんになるんだものね。
たべもののかすは、そんなにないんだよ。
でも、このたべもののかすがなかったり、たりな
かったりすると、ぼくは ちょうしよくできないんだ。
ちょうしのよい ぼくにまいあさあってもらうた
めに大切《たいせつ》なこと、これから いくつか、かくからね。

うんちくんは なんでくさいの？
みんなにいじめられて、かわいそうだね。
ともだちになってあげるね。からだを
じょうぶにしてくれてありがとうございます。
これからもなかよく しようね。
2-3 くらしま まい さん

うんちくん わたしはうんちって
くさいとおもっていました。だけ
ど いいんだね。がんばるよ。
1-1 松本 紅子さん

お手紙ありがとう。うんちは
どうして ちゃいろなの？
わたしは このごろ うんち
が でなくて こまっていま
す。そのひみつをおしえて
ください。
2-3 いわさ ゆりえさん

おてがみ たくさん ありがとう。これからも
たくさん かいてね。たのしみにしてるんだ。

いいうんちをつくるのは センイ（たべもののかすの中心《ちゅうしん》）
しょくもつセンイは ちょうのそうじきさ。

● いいうんちをだすためには
センイの 多《おお》いたべものを
あさも、ひるも、よるも
しっかりたべることだよ。

● センイは 腸《ちょう》の中《なか》で まるで
スポンジのようにかたまって、
腸のかべを ごしごしこすっ
て おそうじしながら
いいうんこをつくってくれるんだ。
ほら、おふろに入《はい》ったとき
スポンジとか、かたく
しぼったタオルとかで
からだをこするだろ？
センイは、それとおなじ しごとを
してくれるんだよ。

センイは やさいや
くだものにはいってるよ。

ほうれんそう　キャベツ　はくさい　だいこん　ごぼう　たけのこ　そらまめ　えだまめ　さといも　ブロッコリー　アスパラ　リンゴ　ミカン　イチゴ　にんじん　かぼちゃ　さつまいも　れんこん

● センイはね、
ねつを加《くわ》えると
よくはたらくんだ。
水をすいとるはたらき
もあるから、センイをいっぱいとると、うんちの量《りょう》をふやして
べんぴを ふせいでくれるんだよ。

ゆうべ と けさ たべたもの で、センイのおおいもの なにがあった？
あなたがたべたものをかいて、ポストにいれてね。

きりとりせん

『ほけんだより』の「うんこくんからの手紙」は９回連載した。

と言っていましたが、勝の一件は、小学生がこのように体がぼろぼろになるような苛酷な状況におかれていることを教えてくれました。

健康教育を担当している私は、勝が黒い便が消化器の出血を知らせているのだということを知らなかったことを反省し、その年の三学期には、「うんこくんからのお手紙」という内容の『ほけんだより』をシリーズで取り組み、子どもたちと便について学習しました。

## □場面かん黙だった喜美子の卒業

私は養護教諭としてこれまで三つの小学校を経験し、それぞれの学校で一三年、一〇年、一一年と長い在校期間がありましたから、子どもが入学した一年生のときから、卒業する六年生までずっとかかわることは何回もあるわけです。そんなたくさんの子どもたちの中で、六年間養護教諭として特別にかかわった子どもというのは、そんなに多くはありませんが、必ず毎年いるものです。

たいていの子どもは、事態が好転すると、保健室に来なくなります。あれほど来ていた保健室など振り向きもせず、自分が見つけた安心の居場所で元気よく活動しています。

**❖——さんすうがわからないからおしえて！**

六年間、保健室に通い続けた子どもの中でも印象深いのは喜美子です。喜美子は三年生の終わり頃までは、家ではしゃべるけれども、学校ではひとことも言葉を発しない〝場面かん黙〟でした。入学してから間もなくして、保健室に来るようになりました。

一年生に入学すると、一、二週間のうちに、学校めぐりという行事があり、一年生がクラスごとに保健室に来て、担任が私を紹介してくれます。また私も、

「保健室はみんなが元気に学校に来れるように見守っているところです。けがをしたり、具合が悪くなったときは、先生に言ってからおいで！　なおしてあげるよ」

と、やさしく話します。保健室についてはそれだけのオリエンテーションですが、いつの間にか、一年生も保健室にやって来るようになります。

入学して間もなく、朝は晴れていたのに、急にお昼ごろから雨が降りだしたことがありました。何人ものお母さんたちが一年生の昇降口に傘を持って子どもたちを待っていました。

喜美子のお母さんも黄色い傘を持って待っていました。ところが、喜美子は、母親の持っている傘を見るなり、

「ちがうだろ」

と、すごい見幕でお母さんを叱りつけました。そしてさらに驚いたことには、お母さんは急いで家にちがう傘を取りに走って帰ったのです。

その姿を担任も私も見ていましたが、教室では全くしゃべらず、じっとしているだけの喜美子からは想像することができない場面でした。そんな喜美子がいつの間にか保健室の

常連になっていました。声もなく泣きつづけ、担任の先生が困って連れて来たこともありました。

保健室で何をやっていたのかは忘れてしまいましたが、一、二年の頃はいつも保健室にいたような気がします。そして、だんだんと、「おはよう」と言うと、「おはよう」という声が、小さいけれど返ってくるようになりました。

三年生になると、「頭が痛い」「気持ちが悪い」と言ってひんぱんに来るようになりました。言葉が少しずつ出てきたとはいえ、友達とはまだかかわれない喜美子でした。

その喜美子が九月、突然、言ったのです。

「せんせい、わたしさんすうがわからないの」

私は本当に驚きました。これまでは、喜美子が勉強のことで悩んでいたとは全く考えてやることもしませんでした。この子も分かりたいんだという、当たり前のことに気づかせてもらった瞬間でした。

「どんなことがわからないの?」

と聞いてみると、

「わりざんがむずかしい」

と言います。

簡単な割り算をやらせてみると、掛け算はマスターしていますが、二桁割る一桁の割り算ができません。急いで担任の先生に話し、教室でも配慮してもらうようにしました。それと同時に毎日、数時間過ごす保健室でも、算数を少しでも応援してやろうと思いました。

二桁割る一桁の割り算を三題解くことが、保健室での日課となりました。いつのまにか「気持ち悪い」「頭痛い」の訴えは全くなくなりました。喜んで算数の問題を解いています。

二学期の終わりには、「わりざんがわかってきて、おもしろくなりました」と作文にも書き、担任が見せてくれました。どの子もみんな分かりたい、分かるまで教えてほしいと願っているのです。

### ❖——悩みが綴られた二通の手紙

その後、友達との交流もできるようになってきて、四年生のときは、「少数の割り算、教えて」と言って、友達と二人でよく勉強をしていました。

五、六年生のときも、いつも保健室に遊びに来ていました。低学年のときのように、体の訴えはありませんでした。友達関係が活発になり、そのことで悩んでいることをよく話していました。

六年生の六月、「悩みを聞いてください」と手紙を届けてきました。開けてみると、
《田中先生へ　最後、これが最後のお願いです。あのね、三年生、四年生のとき、男子に「喜美子って、男みたいな声」っていわれたときから、ずっとその言葉が心に残っていて話しづらくなりました。本読みのときも言葉がだしづらくて、きんちょうしてしかたないの。一年生、二年生のときは本当にはずかしくてあんまりしゃべれなかった。だからこのことをみんなに伝えてほしいの。そしたら私、本読みのときも、おしゃべりするときもちゃんとしゃべれるの。お願いします。私がみんなのところにいないときに言ってください。先生、いつもありがとうございます。なやみを聞いてくれたりして、本当にありがとうございます》
と、しっかりした字で書いてありました。
私は、喜美子の悩みをはじめて知りました。そして、喜美子が自分のいないところでクラスのみんなに言ってほしい、そしたらちゃんとしゃべれると書いてあることに感動しました。
また数日後、再び手紙が届きました。
《先生、この間手紙に書いたことですけど、どうしたらしゃべれるようになりますか。国語の本読みや日直とかで男子としゃべるとき、すごくきんちょうして小さな声になっちゃ

うんです。このままだと卒業式の練習や本番ができません。前の六年生が卒業するとき、五年生の言うところ、わたしも入っていたんだけど、先生に言ってやめさせてもらいました。きんちょうしすぎて声が出せないのです。多分、私たちの卒業式もそうなるかもしれない。でもいわなきゃいけないんです。安藤先生と約束しました。田中先生おねがいします。みんなにこの気持ちを言ってください。私がいないとき、クラスに行って、言ってください。ごめんなさい、迷惑かけて。おねがいします。　喜美子より》

昨年の卒業式、喜美子は五年生として卒業生に贈る呼びかけの言葉の一つを言うことになっていたのですが、緊張しすぎて声が出せず、先生に言ってやめさせてもらったという苦い体験があったのです。

今年は自分の卒業式、そのとき、緊張でしゃべれないなんていうことがあっては恥ずかしいと思ったのでしょう。自分の卒業式にはきちんと自分の言葉で決意や呼びかけをしゃべりたいという強い決意を感じました。そこで私は、喜美子に、

《よく書いてくれたね。頑張ろうとする気持ちがよく分かるよ。声が低いのはあなたの声なんだから、気にしないで。それよりももっと、お友達といっぱいおしゃべりしたり笑ったりするといいよ。それが大きな声を出す練習になるよ》

と励ましました。担任とも連絡を取り、喜美子の気持ちをさりげなくクラスのみんなに

も伝えてもらいました。

集団の中でしゃべれなかった喜美子は、卒業式では見事に大きな声で決意を発表して、卒業していきました。

## □「からだと心のアンケート」から見える家庭の子育て

### ❖――アンケートに書かれたお母さんたちの声

毎年三月には保健室から保護者に「子どものからだと心のアンケート」を書いてもらい、そのまとめを、数枚の『ほけんだより』にして発行しています。九九年は、子どもたちの七八％が「一年間病気も悩みもなく、健康に過ごせた」、一二％（64人）が「からだや心の面で心配事があった」と回答しました。

六四人の中には、担任も私も知らないことがあってびっくりしました。例えば一年生の女の子が二人も一学期の終わりに円形脱毛症が見つかったというのです。幸い、家族がスキンシップを心掛けて、数カ月で治ったと書いてありました。家族がいち早くその信号に気づき、手当してやれてよかったと思いました。

また、子どもが学校を休みたがって悩んだというお母さんは、

《児童朝会の校長先生の話をまとめてノートに書くことがいやだったようです》

と書いてありました。このようなことも教えてもらわないと分かりません。子どもがどんなことに苦しんでいるかを知らなければ、また同じことを繰り返して子どもを苦しめてしまうところでした。

一年生の男の子のお母さんからはこんな悩みと決意が書いてありました。

《おばあちゃんと同居していますが、三学期の始業式の日に入院しており、あと一週間ほどで帰ってくる予定ですが、両親は共働きで、母親であるわたしは約二カ月ほど、一人で家事、育児、仕事をしてきました。これまではすべておばあちゃんまかせでしたので、仕事をしながらの生活は大変でした。毎日いらだって、子どもに手をあげたり、ひどいのは言葉の暴力だったと思います。

「なんでできないの」

「ばかじゃないの」

「がっこうやめたら」

書くのもはずかしいのですが、実際子どもに対して出たことばです。仕事が忙しいからと、すべておばあちゃんまかせにしてきた私は、子を育てるということをしていなかったわけで、親が教えないからできないのだということを痛感しています。育てるのは親であって、これもできない、あれもできないではなくて、一つ一つ体で覚えて吸収していくのが子どもなのですね。今さらながらですが、過去を反省して、これからは母親として、大切な子どもを見守って育てていきたいと思っています》

真剣な母親としての思いが伝わってきます。

### ❖──「朝ご飯なしの罰」から始まったお母さんとの交流

三年生と五年生の二人の女の子のお母さんは、アンケートにこんなことを書きました。

《私の方が親になりきってないなと思うことが一年ほど前からあり、どうしようと悩んでいました。そんなとき『ほけんだより』に「子どもといっしょの時間をイライラ怒っているよりも、お互い楽しい方がよい」と書いてあったんです。「あっ、これだ！」と思いました。親も子も人間、いやなこともあれば、いいときもある。肩に力を入れないで、そのときそのとき気がついたことは、素直に親の方から直すようにしました。今、子ども達が親を愛してくれているんだなと思えることがいくつもあって、ありがたく思っています》

少しだけ子どもとお母さんにかかわってきた私には、この文章がとてもよくわかりました。前年のある朝、姉の方が、

「気持ちがわるい」

と訴えてきました。

「今朝、なにを食べてきたの?」

「なにも食べてない」

「どうして?」

「お母さんが作ってくれなかった」

「何かあったの?」

と聞く私に、ぽつぽつと話してくれたことは、

《昨日、自分の部屋の片付けについて、注意を受けたにもかかわらず、ちゃんと最後までやらなかったので、お母さんが怒って、約束を守らなかった罰に、今日は朝ごはんなしで学校に行くように言った》

ということでした。自分が悪いのだから、我慢しようと思ったのですが、我慢できずに保健室に来てしまったとのことでした。

このことをきっかけに、私とお母さんの交流が始まりました。そのとき、お母さんは、

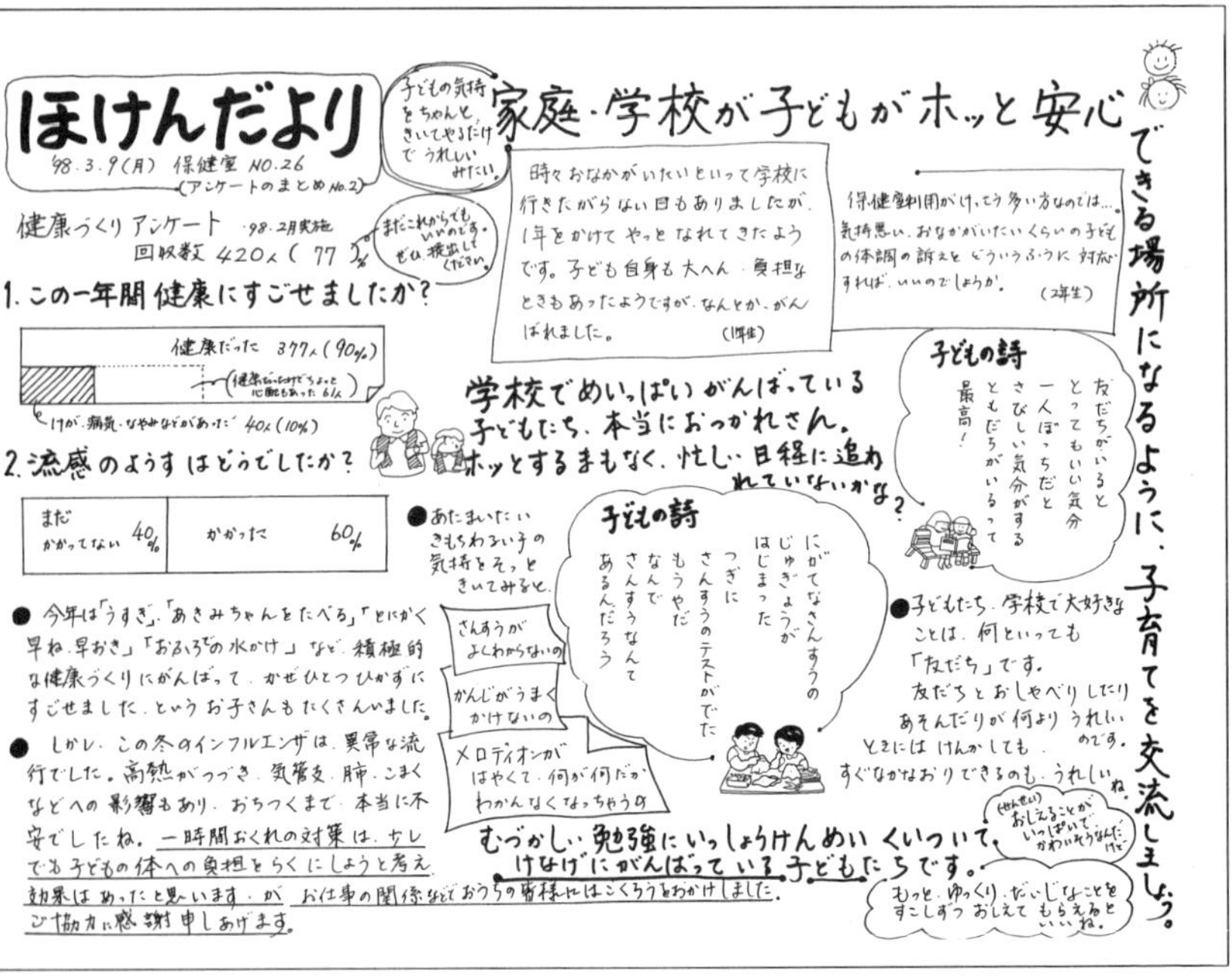
ほけんだより
'98.3.9(月) 保健室 NO.26
(アンケートのまとめ No.2)

家庭・学校が子どもがホッと安心できる場所になるように、子育てを交流しましょう。

子どもの気持をちゃんときいてやるだけでうれしいみたい。

健康づくりアンケート ・98・2月実施
回収数 420人 (77)%

まだこれからでもいいのです。ぜひ、提出してください。

1. この一年間健康にすごせましたか?

健康だった 377人(90%)
(健康だったけどちょっと心配もあった 61人)
けが、病気、なやみなどがあった 40人(10%)

2. 流感のようすはどうでしたか?

| | |
|---|---|
| まだかかってない 40% | かかった 60% |

● 今年は「うすぎ」「あさみちゃんをたべる」「とにかく早ね、早おき」「おふろでの水かけ」など、積極的な健康づくりにがんばって、かぜひとつひかずにすごせました、というお子さんもたくさんいました。

● しかし、この冬のインフルエンザは、異常な流行でした。高熱がつづき、気管支、肺、こまくなどへの影響もあり、おちつくまで、本当に不安でしたね。一時間おくれの対策は、少しでも子どもの体への負担をらくにしようと考え効果はあったと思います、が お仕事の関係などでおうちの皆様にはごくろうをおかけしました。ご協力に感謝申しあげます。

時々おなかがいたいといって学校に行きたがらない日もありましたが、1年をかけてやっとなれてきたようです。子ども自身も大へん、負担なときもあったようですが、なんとか、がんばれました。 (1年生)

保健室利用がけっこう多い方なのでは…。気持悪い、おなかがいたいくらいの子どもの体調の訴えをどういうふうに対応すればいいのでしょうか。 (2年生)

学校でめいっぱいがんばっている子どもたち、本当におつかれさん。ホッとするまもなく、忙しい日程に追われていないかな?

子どもの詩
友だちがいると
とってもいい気分
一人ぼっちだと
さびしい気分がする
ともだちがいるって
最高!

● あたまいたい きもちわるい子の気持をそっときいてみると。

さんすうがよくわからないの
かんじがうまくかけないの
メロディオンがはやくて、何が何だかわかんなくなっちゃうの

子どもの詩
にがてなさんすうの
じゅぎょうが
はじまった
つぎに
さんすうのテストがでた
もうやだ
なんで
さんすうなんて
あるんだろう

● 子どもたち、学校で大好きなことは、何といっても「友だち」です。
友だちとおしゃべりしたりあそんだりが何よりうれしいのです。
ときにはけんかしても、すぐなかなおりできるのも、うれしいね。

むづかしい勉強にいっしょうけんめいくいついて、けなげにがんばっている子どもたちです。

(せんせい)おしえることがいっぱいで、かわいそうなんだけど

もっと、ゆっくり、だいじなことをすこしずつおしえてもらえるといいね。

毎年３月、保護者あてに実施するこのアンケートも今年が最後。

「子どもがやるべきことをちゃんとやらないからイライラして、怒ってばかりいるんです。これでは子どもをだめにしてしまうと思うのにやめられなくて…」と訴えていたのでした。その後、お母さんの努力によって、「子どもから愛されている」と実感できるまでに変わってきたというわけです。

そういえば、学校生活の中で見る姉妹の顔も明るいのです。小さいことでいつも怒ってばかりいると、子どもは、「お母さんは自分を嫌いなのではないか」と思い悩みます。肩の力を抜いて、子どものありのままを愛して、かわいがってやることが子どものやる気を引き出す鍵のように思ったことでした。

「からだと心のアンケート」に書かれたそれぞれの家庭の子育ての様子を読みながら、保健室と保護者との距離がより近づいてくるのを感じています。

赴任して間もない頃は何にも書いてない用紙が多くて、まだ私に対して遠慮や不安があるんだろうなと思っていました。この一〇年、毎年続けてくる中で、最近ではほとんどの保護者がいろいろなことを書いてくれます。学校で行う健康教育や『ほけんだより』への共感をこめた感想も多く寄せられ、これらを読ませていただくことで、養護教諭としての私自身がいやされ、喜びがわいてきます。

ところが今年は私の定年でいよいよ最後。お別れのアンケートは、私にとって宝物になるんだろうな、と考えている私です。

## ◆——あとがき

昨年（2002年）の卒業式で、「一年生がおかしい」と言われ始めた子どもたちが晴れて卒業しました。九九人ひとり残らず、将来の自分に夢を託した言葉をしっかりと宣言して、卒業していきました。あれほどわがままと暴力をふるっていた子どもたちが、落ち着いた態度で卒業していく姿を見て、この六年間の苦闘を思い、感慨無量でした。

この子たちが五年生の運動会で踊ったソーラン節は圧巻でした。担任の言葉で表現すると、「ソーランを踊っているときは、子どもの人格が変わるのよ」というほどの乗りようでした。

昨年の運動会では、六年生の子どもたちが五年生にソーラン節を教え、五、六年生合同の踊りを見せてくれました。見事な集団の群舞でした。両足を踏ん張り、腰に力を入れ、口元をきりっと引き締めて、一人ひとりが自分の持ち場を踊り切る、それが二〇〇人の群舞として、全くすき間がないほどの迫力で目の前に繰り広げられました。自信にあふれ、達成感に満ち満ちた子どもたちの姿に圧倒されました。

「やれば、できるんだ！」

子どもたちを夢中にすることができたという確信は、やる気のない子どもたちに半ば諦めかけていた教職員の心をも弾ませました。どんな子どもも、人として認められることを願っているからこそ、さまざまな方法で自分をアピールしている、だから子どもたちを信じ愛することによって、子どもたちは伸びていくことができるのです。私たち大人の子どもを見る目、受け止めるふところの深さ、信じる力こそが大切ではないかということを、この子どもたちから教えてもらったように思います。

一人ひとりの顔を見ながら、この数年間のことを思い出していました。

子どもをめぐるさまざまな問題で学校全体が騒然としていた一時期を乗り越えて、「やっと落ち着いた学校生活が送れるようになってきたね」という実感を持つことができました。

昨年の五月、学校保健事務を担当してくれて三年目の内藤芳子さんが、

「保健室、変わったわね」

と、しみじみ言ってくれました。

「この変化、保健室にいる私がいちばんわかるよね」

とも。授業中の保健室がこんなに静かなことは、この数年間なかったことでしたから。

保健室の実態というのは、話しただけではなかなかわかってもらえるものではありません。保健室で養護教諭といっしょの時間を一定の期間過ごすことによって、はじめて分かってもらえると思います。そのような条件に内藤さんはぴったりです。

一昨年、保健室に来る子どもの実態を、私とのかかわりを含めてありのままに内藤さんに記録してもらいました。その記録には、私が感情的に子どもを叱っている場面もありますし、分きざみでやって来る子どもたちの様子がリアルに読み取れます。そして何よりも子どもたちが、保健室に、からだのつらさに託しながら、養護教諭との出会い、かかわりを求めて来ていることが読み取れます。

これまでも保健室の大変さを客観的に記録したいと何度も思い、自分なりに努力してみたのですが、何しろたった一人の保健室に、一日一〇〇人を超える来室者があるのですから、到底かないませんでした。

「保健室の様子を記録してほしい」

という私の願いを快く引き受けてくださった内藤さんには、本当に感謝しています。だって、記録をしながら、保健事務の仕事もきっちりとやってくださったのですから。

内藤さんが保健室にいると、必ず二年生の大介（Ⅳ章一五六ページ）が話しかけていま

した。母親恋しさを私にぶつけている大介は、内藤さんを私の友達だと紹介すると、

「二人は仲がいいの?」

「仲がいいなら、いっしょに住めばいい。家族みたいに」

と、自分が一番望んでいるであろう「家族」という言葉で自分の気持ちを表現しました。

その後も、内藤さんが来ていると、いろいろな会話を楽しんでいました。自分を受け入れてくれる大人との人間らしい会話、触れ合いを求めている大介の気持ちがよく分かります。

学校保健事務の賃金は区によって異なるのですが、私の区では六〇〇人規模の小学校の場合、たった五五時間分しか予算化されていません。従って、定期健康診断のまとめが終了する七月には、もう内藤さんに会えません。内藤さんは、この期間に友達になった大介と、もう一人の女の子と何回か文通していました。

大介は内藤さんの手紙を読みながら、保健室のベッドの下で泣いていました。とても嬉しかったらしく、彼はすぐに返事を書きました。そして次の日、

「このどんぐりをいっしょに送って」

と言って、丸くてコロンとしたドングリを家から持ってきました。

すると、また内藤さんからお礼の手紙。

《大介くんにあえなくなってさびしいなあとおもっていたら、ドングリさんがすてきなおてがみをとどけてくれました。ありがとう。うれしくてしんぞうがどきどきしました。（後略）》

また、夏休みの前には、こんな手紙が届きました。

《もうじき夏休みですね。大介くんからもらったどんぐりさんがときどきたおれるんです。それを見つけたおばさんは、「おい、だいすけ、おきろ」なんて言って、ぽんとドングリをたたいておこします。もしかすると、がっこうにいる大介くんにそれがつたわって「いてえ、だれだ、ぶったのは」なんて言っていないかなとしんぱいになったりして、おばさんは一人でおかしくてわらってしまいます（後略）》

こんな心のこもった、やさしいつながりができて、嬉しかったことでした。人間らしさって、こんなふうに子どもの心をしっかり感じとって、それを子どもの心に届くように返してやることで育っていくのではないかと思うのです。

保健室に来るどの子も、人間らしい触れ合い、やさしさに飢えているようです。忙しく手当をしていると、

「あーあ、いまの先生の頭の中にはおれのことなんか、ぜーんぜんないんだから」

と、ぷーっとふくれて不満を叫んでいる子もいます。

また、足をくじいた子に湿布を貼ってやり、包帯をしていると、

「おれのときなんか、包帯なんかやってくれなかったくせに」

と、不満をぶつけてくるのです。

みんな本当にさみしがりやで甘ったれなのです。この甘ったれに付き合うことがこの子たちには必要なことと、割り切ることにしました。

超多忙、過密な仕事に追われる先生たち、長引く不況の下で生活に追われ、心ならずも子どものことがおろそかになりがちな親たちの状況が、いま子どもの気持ちの受け皿としての役割を保健室に集中させているのではないでしょうか。

幼くて、自己中心で、寂しくて、やさしさを「もっともっと」と求めて止まない子どもたち。未熟で、はがゆくて、どうしようもないけれど、子どもの現実から逃げ出すわけにはいきません。大人の願いだけから高望みをして叱っても、子どもは歪むだけです。

子どもに希望ある未来を託したいからこそ、子どもといっしょに成長の道筋を歩いてやれる大人たち、そしてそれを保障するゆとりと人間味にあふれた教育体制、社会の在り方が求められていることを痛感しています。

このような学校現場の奮闘を励ます体制ができて、もっと学校にゆとりが生まれたら、

子どもたちはどんなに学校が楽しくなり、豊かな発達をするでしょう。

学校が落ち着いたと書きながら、同時に、これまでよりもさらに激しい子どもたちの荒れがやってくるのではないかという危機感も感じています。

長引く不況は子どもたちの安心の基地であるはずの家庭生活を破壊し、未来への希望も沈みがちです。解決のめども立たない不況の荒波のもとで、子どもたちはどこにも向けようのない怒りをからだ中に充満させていることでしょう。

さらに、学校現場が抱える諸問題を解決するために打ち出された「教育改革」の中身は、教職員の管理強化ばかり。まさに子ども不在、教職員不在の教育改革です。

私たちの学校は、子どもの気持ちを聞きとり、子どもの人権を尊重する教育を実践して、ようやく落ち着いた学校生活を取り戻すことができましたが、この状況を維持するためにぎりぎりの努力をしています。過労死もひとごとではなく、いつ誰が倒れるかと思うこともあります。

昨年から学校週五日制が始まり、毎日六時間授業があるようになりました。土曜日の分をどうして他の日に振り分けなければならないのでしょうか。「総合的な学習の時間」を創設し、その時間を生み出すために、子どもたちは大好きな体育をはじめ、教科の時間を減らされ、ますます新幹線のようなスピード授業に苦しんでいます。

どうして一律にこのような教育課程を組まなければならないのでしょうか。疑問ばかりの中で始まった新学期。

さらに私の区では、校長の諮問機関として「開かれた学校づくり協議会」が教職員を排除した形で組織され、授業診断を主な目的として活動を始めています。昨年度から始まった学校の自由選択制度、それに伴う一週間から二週間にわたる学校公開と授業診断が連動して、子どもや教職員の動きがチェックされています。小さいミスやマイナス面を拾い出すこんなやり方で、何をどう解決しようとしているのでしょうか。

いま教職員はつらさやぐちをこぼす暇もなく、追い詰められています。体を壊し、つらい心を抱えている仲間のことが気になりながらも、気づかうゆとりさえ奪われている状況ではないでしょうか。

教職員がゆとりをなくした学校は必ずまた荒れます。管理強化は学校のゆとりを奪い、教職員の団結、協力関係を破壊します。文部科学省、東京都および区の教育委員会が一日も早くこのことに気づき、現場の誰もが願っている三〇人以下学級を実現して、教職員を増やし、真のゆとりを生み出してほしいと願うばかりです。

いよいよ私も三四年間にわたる養護教諭としての仕事に区切りをつける定年がやってきました。まだまだ働けるという思いがある一方、学校現場の厳しさには足がすくむ思いがします。

学校現場では、苦しみを解決するどころか、いっそう苦しめる主幹制度や人事考課制度などの管理体制強化のもとで、校長権限が強調され、職場の自由がなくなり、まるでロボットのように管理職の言うなりに動くことばかりが優先されるような変化がさらに強まることでしょう。管理強化で教職員を縛るよりも、困難な毎日の教育実践で奮闘している教職員を信頼し、励ますような方策を実行してこそ、学校が抱えている困難が解決していくのではないでしょうか。

これからの教育を担う若い仲間たちよ、どうか自分ばかりを責めないで！　からだを壊さないで！　ぐちをこぼし合い、失敗してもみんなでカバーし合って、みんなの力を合わせながら、そして親たちともしっかり連帯しながら、子どもたちを守り育てる教育のためにたたかってほしい。子どもたちを健やかに育てるために教師になった初心を忘れずに、真実に基づいて自分の頭で考え、勇気を持って行動してほしい。

いのちの大切さ、思いやりを教える教育の実践者として、「教え子を再び戦場に送るまい」と誓った先輩たちの痛恨の思いを忘れずに、世界に誇る「戦争放棄」の憲法を守り、実践するために、いま急ピッチで進む「戦争をする国づくり」への危険な動きとたたかってほしい。

私自身も退職後の場所で、仲間や父母とつながりながら自分のできることを頑張っていきたいと考えています。

私の人生はすでに六〇年、残された年月の短さがにわかに心を焦らせますが、これからの一日一日を大切に、ゆっくりと歩いていきたいと思います。

私の家族の生活は、夫の仕事の二度の倒産に伴う、実にさまざまな困難な道のりでした。しかし、たくさんの仲間や親・きょうだいに助けられ、いまようやく暗闇から脱出して、家族がみんな健康で明るく毎日を送ることができるようになりました。はじめての倒産からすでに二〇年の年月が経っています。二人の娘はそれぞれ結婚して、働きながら子育てをしていますし、末の息子は大学で学びながら研究活動を楽しんでいるようです。

これまでにくぐってきた子育ての悩み、夫婦間の葛藤、生活苦などのさまざまな道程が、子どもを育てる親たちのそれと重なって、黙ってはいられない私です。この長い暗闇時代をどれだけ多くの仲間の皆さんに助けていただいたことでしょう。数え切れない仲間たちの応援に心から感謝いたします。

また、同じ職場で苦労を共にしてきた中川美保子先生、錦織弘幸先生はじめ、たくさんの仲間の皆さんにお礼の気持ちでいっぱいです。困難を切り開くたたかいの道しるべとして、常に励まし続け、苦しいときにはいつもぴったりと伴走してくださった教職員組合にも感謝のひと言あるのみです。
そして、この本を書くために終始助言と励ましをくださった高文研の金子さとみさんにお礼を言いたいと思います。

二〇〇三年一月

田中　なつみ

**田中なつみ（たなか・なつみ）**

1942年、長野県に生まれる。東京大学医学部衛生看護学科卒業。東大病院に看護婦として４年間勤務した後、都内小学校に養護教諭として34年間勤め、2003年３月定年退職。80年代から90年代にかけて、東京都教職員組合養護教員部および全日本教職員組合養護教員部役員。東京養護教諭サークル「芽の会」会員。著書に『聞こえますか？ 子どもたちのＳＯＳ』(高文研／共著)、『わたしたちの養護教諭論』(あゆみ出版／共著、絶版)、『子どもとともに明日をひらく』（東京都教職員組合養護教員部／共著）。

# いのちまるごと
## 子どもたちは訴える

●二〇〇三年　三　月二〇日――――第一刷発行

著　者／田中　なつみ

発行所／株式会社高文研
東京都千代田区猿楽町二−一−八
三恵ビル（〒一〇一＝〇〇六四）
電話　０３＝３２９５＝３４１５
振替　００１６０＝６＝１８９５６
http://www.koubunken.co.jp

組版／ＷＥＢ Ｄ（ウェブディー）

印刷・製本／精文堂印刷株式会社



ISBN4-87498-300-6　C0037